JN116398

記述言語学者自選集（2）

トルコ語とチュルク諸語の研究と日本語との対照

栗林　裕 著

日中言語文化出版社

記述言語学者自選集の刊行にあたって

　人は傑出した人物の伝記を読んで大志を抱くようになると言われるが，研究者の場合，先人の研究業績を体系的に読んで育つ一面がある。この記述言語学者自選集が企画された由縁である。まとめて知ることの難しい先人の代表的業績を一冊にまとめ，彼らがどのような課題に挑戦し，いかに思索していったかを知ってもらう方便を提供したいという意図である。書物の性格上，不定期な刊行とならざるを得ないが，継続して刊行できるように願っている。

　記述言語学者という限定は，本企画が著者の主たる来源として外国語学の研究者を想定していることを意味する。言うまでもなく，外国語学においては，多くの場合，何よりもまず記述——共時的言語事実の発掘と分析——があり，その基礎の上に解釈が続く。本企画は記述的研究を優先することにした。これは本企画が解釈を軽視しているという意味では決してなく，あくまで重点の置き方の問題である。

　外国語学の考察対象は研究者にとって第一言語ではない。そうである限り，たとえ記述的研究であっても，第一言語との対照という視点が明に暗に影を落としてくることは免れない。その意味で，外国語学は本来的に対照言語学と表裏一体をなすものと考えてよい。本企画も或いは「対照言語学者自選集」と呼ぶ方がより正確であるかもしれない。私には，日本と中国における記述文法の嚆矢である大槻文彦の『広日本文典』(1897 年刊) や馬建忠の『馬氏文通』(1898 年刊) も対照研究的著述であるように思える。

　全集ではなく選集にしたのは出版社と読者双方のコストを考えてのことであり，企画者が選ぶのではなく研究者の自選としたのは，企画者側の精力と時間的な制約が主たる原因ではあるが，自選集にすれば，研究者自身が自らの研究をどう評価しているかを知る手がかりにもなるという下心がある。

　本企画が我が国の言語学の発展にとって，とりわけ斯界の新人の成長にとって一助となることを心から願っている。

2016 年　中秋

張麟声 （大阪府立大学教授）

はじめに

　本書は、「第一部　トルコ語の文法研究」、「第二部　トルコ語と日本語の対照研究」、「第三部　チュルク諸語の研究」、「第四部　チュルク諸語の研究（言語資料編）」の四部により構成されている。主にトルコ語の研究を始めた頃（第一部）と、直近の約8年間で筆者が関心を持ったテーマの中から論文9編（第二部，第三部）を選択し、最後に危機言語であるガガウズ語を中心に言語記述テキスト資料編（第四部）を付した。2010年に出版した拙著『チュルク南西グループの構造と記述　―トルコ語と周辺言語の言語接触―』で主に焦点をあてた複合動詞や言語接触をテーマとする論文は原則として収録していない。前著では、主に1996年から2010年までに執筆した論文に基づいているが、本書ではそれ以降の筆者の関心を主に反映している。同時に、前著に含めていない研究活動を本格的に始めた1987年から1995年までの初期の頃に執筆し公刊した論文3編も本書に収めた。合計9編の論文のうち、原文がトルコ語で書かれたのものが2編、英語で書かれたものが4編含まれる。これらの6編は日本語に翻訳して本書に収めたが、その際に語句の訂正は最小限に留め、英語やトルコ語からの翻訳も原文にできるだけ忠実になるように留意した。また、原文が日本語で書かれたものも語句の修正は最小限に留めている。また、第二部の2編の論文は学会発表原稿に基づくが未公刊である。巻末に初出一覧を付した。

　本書に含まれる内容は、筆者自身の興味の移り変わりをあらわしていると同時に、トルコ語やチュルク諸語の研究を継続していく中で出会ったさまざまな研究者からの影響もまたあらわしている。本書は記述言語学者自選集の1冊であるので、本書の構成に沿って若干の説明をしたい。

　筆者は学部入学時に特定の言語名が付けられていない「言語学履修コース」という専攻で学びを始めた。当時の指導教官が、トルコ語およびチュルク諸語の数少ない専門家であったこともあり、卒論のテーマとして大学でこそ学ぶことができるこのトルコ語という個別言語に迷わず決めた。また英文科で開講されていた生成文法の授業などにも参加し、理論的研究の考え方にもなじむ機会を得た。大学院修士課程では引き続きトルコ語の研究を続け、それを類型論的な概念でどのように分析ができるのかということをテーマにした。しかし方法論は独学だったので、学術的な論文として通用するのかどうか自分では判断しかねる

i

ところがあり修士課程を終えた。その後、進学した大学院博士課程の指導教官の勧めがあり、修士論文の一部を改訂し筆者にとっての初めての学術論文を執筆した（第一部　第一論文）。その後、トルコでの留学を経て現在の職に就いた。当時、理論的研究で話題になっていた非対格性をいち早くトルコ語に応用し、1995年にトルコで開催された言語学会でその成果の一部をトルコ語で口頭発表した（第一部　第三論文）。しかし日本で口頭発表する場合と同じようなやり方で発表しても、トルコではなかなか理解してもらうことができないということをこの時に感じた。この頃から科研費による海外学術調査をベースにしたチュルク系諸言語の研究グループに加わり、言語の接触と変容の諸問題や記述的研究や歴史的研究の重要性に触れることになる。またトルコ本国では理論的研究は少数派で記述的・文献学的な研究が中心であり、言語そのものの記述や分析こそ評価され、後にも残るということを実感し、自分の研究の方向性も変わってきた。

　特に大きな転換点は1997年にガガウズ語を対象に初めて記述研究を始めたことである。チュルク系なのにこの言語はSVOの基本語順を持つことに興味を抱いたのがきっかけであるが、国内に先行研究はなく、海外でも1960年代から1970年代にかけてブルガリア語やロシア語で書かれた記述文法書あるだけで、ソ連崩壊後の言語の状況についての情報が全くなかった。このような状況の中、手探りで研究に取り組んだ。著書で知った大学名を頼りにトルコの大学に手紙を出し、ガガウズ民族の宗教文化についての研究者からさまざまな関連資料やモルドバのガガウズ人自治区に関する情報の提供も受けた。そして、当時イスタンブルに留学していたモルドバ共和国からの留学生と共に1997年に初めてモルドバ共和国のガガウズ人自治区を訪問し、ガガウズ語のフィールドワークを行った。2000年には、トルコ在住のブルガリア系トルコ人と共にブルガリアに訪問し、ほとんど知られていないブルガリアのガガウズ語のフィールドワークを行った。またWebで筆者のことを知り連絡をくださったガガウズ人のご家族を持つ日本人の方の紹介により、2001年にイスタンブルでもガガウズ語のフィールドワークを行った。これらのフィールドワークの成果は科研費の報告書として印刷物にしたが、本書に再録した（第四部　チュルク諸語の研究（言語資料編））。

　2010年以降は主に国立国語研究所や東京外国語大学アジア・アフリカ言語文化研究所での共同研究に関連した研究テーマが中心になっている（第三部の論

文）。また共同研究を契機として統計分析にも興味を持ち、独学で少しずつ勉強を始めた。それを手がかりに日本語との対照研究を統計的な手法で分析した（第二部の論文）。

　このように、自分の研究を振り返ると、初期の頃は現代トルコ語のみを対象とした文法研究から出発したが、その後はトルコ語およびチュルク系諸言語の記述的研究が中心になり、統計的な手法を使い、母語である日本語との対照を行い、また最近では音声的側面の研究や理論的研究にも再び注目しているが、基本的には言語の文法的研究や言語の記述的研究と位置づけることができると思う。関心の対象が変化したというより、行ったり来たりしながらいろんなものに興味を持ちつつ研究を行っている。

　本書ではこのような筆者自身の研究の変遷を論文および言語資料を通して紹介したい。

2020 年 5 月 12 日

栗林　裕

目　次

第一部　トルコ語の文法研究

1. トルコ語における対格表示と名詞 – 動詞構造 *

1.0　序

　本論では、トルコ語の対格表示の出現条件を探ることを試みる。1節で意味的な条件に基づく先行研究の問題点を指摘した後、2節でいくつかの追加条件を提示する。そこで、さまざまな段階の定性が対格表示に反映されていることを示す。意味的条件に基づく伝統的な分析に加えて、3節では統語的な分析に基づき、名詞と動詞の統語的な凍結度との関連による対格表示のいくつかの機能について議論する。さらに、いわゆる「目的語抱合」構造が連続体として存在し、トルコ語において名詞抱合という概念が有効であるという証拠を提示する。4節では、前節で言及したさまざまな条件の統合を試みる。この統合により対格表示の生起を予測することが可能になる。

1.1　対格表示を巡る諸問題

　トルコ語は対格型言語であるといわれている。対格型表示パターンとは一般的に目的語に積極的な表示を付し、主語にゼロ表示をするものである。しかし、多くの言語において、対格表示は定的な関与者や有生もしくは生物の関与者に限られる。Moravcsik (1978) によると、すべての定の直接目的語が対格表示され、すべての不定直接目的語が主格表示 (あるいはゼロ表示) される言語にはトルコ語、満州語、マラノ語、アムハラ語、ケマント語、ビリン　　　ろとする。トルコ語の伝統的文法学者は対格表示[1] を定の直接目的語表示と捉えてきた。このことは、他の格で表示された名詞が直接目的語と機能していないというわけではない。例えば *başla-mak* '始める' のような動詞はほとんどの場合、直接目的語として与格を要求し、*kork-mak* '恐れる' は、奪格もしくは与格を直接目的語として要求する。これらを対格でないタイプ[2] とみなすことにする。本論では、単文における対格でないタイプの直接目的語を主に扱うことにする。

　Lewis (1967: 35-36) による格表示の説明には次のようにある；

…対格。動詞の定の直接目的語を表示する…

3

(1) oküz-ü al-dı.

　　ox-ACC buy-past

　　「彼は雄牛を買った。」　Lewis（1967: 35）

…絶対格。これには5つ［の機能があり］、その内の不定対格は動詞の不定目的語として［機能する］；

したがって、絶対格や主格、ゼロ表示の直接目的語は不定と認められる。

(2) oküz al-dı.

　　ox buy-past

　　「彼は雄牛を買った。」Lewis（1967: 35）

　この見解（対格は定表示である）は定という概念をめぐって未解決の理論的問題を残す。その1つは、明らかに定でない場合もトルコ語の名詞が対格を持つ場合が存在することである。

　例文(3b)では、不定冠詞*bir* '1' を伴う直接目的語が明らかに不定であっても、対格表示を許す。

(3) a. Hasan bir öküz al-dı.

　　　 H. indef ox buy-past

　　　 「ハサンは雄牛を買った。」

　　 b. Hasan bir öküz-ü al-dı.

　　　 H. indef ox-acc buy-past

　　　 「ハサンは雄牛を買った。」　Comrie（1981: 125-8）

　もう1つの問題は、栗林（1986）で提示された対格表示に関するものである。直接目的語が無生物で、動詞の直前の位置にこない場合、対格表示が(4a)のように定の意味と、(4b)³⁾のように不定の意味に曖昧になることである。

(4) Murat kitab-ı şimdi oku-yor.

　　M. book-acc now read-prog

a.「ムラトは今、特定の本を読んでいる。」

b.「ムラトは今、本読みしている。」

これらの事実は、対格表示は必ずしも直接的に定の意味に結び付かないことを示している[4]。

本論の目的は (a) 対格表示[5]にはどのような条件が関与するか (2節)；(b) 無表示の直接目的語には動詞に関連してどのような条件が関与するか (3節)；(c) 対格の生起に関して二つの条件の相関関係 (4節) についで明らかにすることである。

2.0 直接目的語の対格表示

以下では「定の程度」を考慮せずにこれまで分類されてきた、対格表示の意味的条件について再検討する。これまでに指摘されていないか、あるいは明確に記述されてこなかった追加的な統語的、意味的条件を提案する。

2.1 定性の条件

定性の仮説のもとでは、Lewis (1967: 35-36) が次のような名詞句の定性を規定する「定性の条件」を提案した。

[A] 指示形容詞による場合；

(5) Bu   gazete -yi   çıkar-mak   zor   bir   iş.
    this newspaper-acc publish-inf hard indef
    「この新聞を出版するのは難しい仕事である。」

[B] 接辞あるいは独立した人称代名詞による場合；

(6) ev-imiz-i   kirala-dı.   (接辞付加)
    house-1pl-acc   rent-past
    「彼は私たちの家を借りた。」

[C] それ自身の性質による場合　例：場所名、人物名、題、人称名詞、指示代名詞；

(7) Adana²-yı gez-di-k.   (場所名)
    A.   -acc tour-pst-1pl

　　「アダナを見物した。」

[D] 先行文脈で言及された場合　例：英語で定冠詞を用いる状況；
(8) Kitab-ı　oku-ma-dı-m.
　　book-acc read-neg-pst-1sg
　　「私は本を読まなかった。」

[E] その他の理由で適切に限定されている場合　例：分詞により；
(9) Ağac-ın　　　　alt -ın -a　　　　　　otur-muş şarkı
　　tree-gen　bottom-def [6] [7] -dat　　sit-perf　　song

　　söyle -yen çocuğ-u tanı-yor mu-sun ?
　　sing-part child-acc know-prog q.enc-2sg
　　「木の下に座って歌を歌っている子供を知っていますか？」

さらに、Türeli (1969) が指摘している名詞修飾は条件 [E] に含まれる。

[a] 無接辞修飾 [E-2]
例：altın saat
　　golden watch

(10) Murat bana altın saat-i ver-di.
　　　M.　　me　　　　-acc give-past
　　　「ムラトは私に金時計をくれた。」

[b] 限定でない修飾 [E-3]
例：köy　　　　ev-i
　　country　　house-def
(11) Murat köy ev-in-i kirala-dı.
　　　M. country house-def-acc rent-past
　　　「ムラトは田舎の家を借りた。」

[c] 限定された修飾 [E-4]

例：Ayşe'-nin kitab-ı

　　　A.-gen 　　book -def

　　　「アイシェの本」

(12) Murat bana Ayşe'nin kitab-ın-ı 　　　　ver-di.

　　　M. 　　me A -gen 　book-def-acc 　　give-pst

　　　「ムラトは私にアイシェの本をくれた。」

Türeli はまた定性の度合いが定表示の生起を決定すると述べた。上述の例文 (5) から (12) の間には対格表示の義務性に関して差異がみられる。(5) - (7) と (12) においては対格表示が義務的になる。この理由により、対格が付加されないの文は非文法的である。

(5)' *Bu gazete çıkar-mak zor bir iş.

(6)' *Ev-imiz kirala-dı.

(7)' *Adana gez-di-k.

(12)' *Murat bana Ayşe'nin kitab-ı ver-di.

　　　　　　　　　　　　　　　　　def

他方、(8)、(10)、(11) のように対格が付加されない場合、文自体の容認可能性には関係がない。

(8)' 　Kitap oku-ma-dı-m.

　　　「私は本を読まなかった。」

(10) 　Murat bana altın saat ver-di.

　　　「ムラトは私に金時計をくれた。」

(11) 　Murat köy ev-i kirala-dı.

　　　　　　　　def

　　　「ムラトは田舎の家を借りた。」

上述した例は、「定性の仮説」のもとで捉えられた定性条件の [A] から [E] の間で違いがあることを示している。義務的に対格表示がされる場合 ([A] [B] [C] [E-4]) と、他方、対格表示が随意的になる場合 ([D] [E-2] [E-3]) があり、この

区別は表示条件を記述する際には必要になる。この点から Lewis の「限定条件」
は不十分であり、さらに条件が付け加えられる必要がある。

2.2　追加条件

　本論では、Lewis のものに加えて、義務的に対格が表示されるいくつかの条件
を提案する。しかし、これらには必ずしも定性の概念が関わるとは限らない。

条件 [F] : 派生名詞[8]

(13) a. Tokyo'-ya gel-diğ-in-i　　bana
　　　　T.-dat come-part-def-acc　me
　　　　bil -dir -me-di.
　　　　know-caus-neg-past
　　　　「東京に来たとき、私に知らせなかった。」

　　　b. *Tokyo'-ya gel-diğ-i bana bil-dir[9] -me-di.
　　　　　　　　　　part def

条件 [G] : 強調される状況
Nilsson (1979: 125) によると、話者が目的語名詞により大きな重要性を与えると
きに対格表示を選択するとする。

(14)　Böyle bir hayat için, Lemi Bey-den iyi
　　　such indef life for　L.B.　　-abl good
　　　bir koca-yı　　　nere-den bul-ur-um ?
　　　indef husband-acc where-abl find-aor-1sg
「このような生活のために、レミさんよりもよい夫をどこでみつけることができ
ようか？」

条件 [H] : 動詞の直前以外の位置
直接目的語が動詞の直前以外の位置にある場合、対格表示が義務的になる
(Nilsson 1985: 38, Dede 1986: 157 にも記載されている)。

(4) Murat kitab-ı şimdi oku-yor.

M.book-acc   now read-prog

「ムラトは今、本を読んでいる。」

(4)' Murat kitap şimdi oku-yor.

他の意味的条件とは異なるが、統語的な線的順序も［対格の］表示条件として重要になる。

　［F］から［H］の追加条件を検討し、義務的な対格表示の条件は、以下のように図示してまとめることができる。

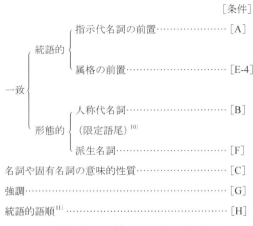

図1 対格表示の義務的条件（改訂版）

属格の先行（［E-4］限定修飾）とは、意味的に規定される条件というよりは、統語的に規定される条件であると考える。その理由として、属格が統語的に直接目的語を修飾する場合、この直接目的語は例外なく対格をとるからである。対照的に、意味的に規定される規則、例えば条件［D］の照応条件、［E-2］の無接辞修飾、［E-3］の限定でない修飾の場合はそのような結果［対格をとること］をもたらさない。これらの事実に加えて、条件［F］による派生名詞の対格は形態論的に条件づけられた規則によって付与されているようにみえる。なぜなら、対格の表示に際して、派生名詞を表す接辞の付加が重要な役割を果たすからである。この接辞を定性に関わるものみなして、定性仮説を支持すると考えるのは理にかなったものとはいえない。換言すると、上記の2つの対格付与規則は概ね言語構造に特

有なものである。

　ここまで、定性の概念に関わる [A] から [H] までの条件をみてきたが、それ
ぞれには本質的な相違がある。つまり条件 [C] は名詞自体についての意味的条
件である。統語的あるいは形態的な他の条件は、主に「普通名詞」に適用される
ものである（4.1節においてこれらの相関を示す）。目的語として無表示の普通名
詞、つまり bir や対格がない名詞は「目的語編入」の結果によるものである。これ
らの普通名詞に対しては、統語的条件が常に適用するわけではないことに留意
すべきである（3節の表1や表2を参照）。次節で論じるように統語的条件が適用
するかどうかは名詞と動詞の結合の語彙化の度合いに依存するのである。した
がって、本論で次になすべきことは統語的条件の観点から、目的語編入を含む普
通名詞の位置づけについてより詳細に検討することである。

　前節の分析において不足している点は、検討した例が意味的条件に基づく目
的語の対格表示に限られていたことである。対格表示の生起のパターン全体の
理解のためには表示された直接目的語だけでなく、「表示されない直接目的語」
（目的語編入の構造）を検討する必要がある。3節では、この観点から対格表示の
生起について検討する。

3.0　統語的凍結性に関連する名詞－動詞構造
　本節では、目的語編入現象の分析を通して、名詞－動詞の組み合わせの語彙化
が対格の生起の決定において重要な役割を果たすことを示す。同時に、統語的分
析の観点からトルコ語における目的語編入の位置づけについて検討する。

3.1　トルコ語の目的語編入をめぐる諸問題
　トルコ語では、裸の目的語名詞と動詞は統語的な1つの単位を成し、目的語編
入の一例であるとされる。Mithun (1984: 848) では、編入を「動詞と名詞が結合し
て新しい動詞を形成する特別な種類の複合」と定義した。トルコ語の OI（目的語
編入）の諸特徴は次の例にみられる。

（15）Murat şimdi　kitab-ı oku-yor.
　　　M　now book-acc read-prog
　　　「ムラトは今、本読みしている。」

上記の格表示がない無冠詞の構造は、命名に値する単一の活動を表し、目的語
と動詞の間には何も挿入することができない。Erguvanlı（1984: 23-24）によると、
トルコ語の目的語編入を認める立場と認めない立場があるとする。目的語編入
を認める立場では、次のような議論がある。

　　IM＝意図された読み

a. 非指示的な直接目的語と動詞の間には他の名詞や副詞が入らない。

（16）*Murat　　kitap isteksiz oku-yor.

　　　　M.　　　book unwillingly read-prog

　　　　I.M.「ムラトはいやいや本読みしている。」

b. 非指示的な直接目的語の位置は固定化されている。つまり、述語の後には現
　　れない。

（17）*Murat isteksiz oku-yor kitap.

　　　　M. unwillingly read-prog book

　　　　I.M.「ムラトはいやいや本読みしている。」

c. 非指示的な直接目的語は統語的な単位からの取り出しができない。

（18）*Nazan［hazm-ı zor ol-an］　　　yemek

　　　　N.　　digestion-def hard be-part food

　　　　pişir-iyor.

　　　　cook-prog

　　　　I.M.「ナザンは消化が困難な食べ物を作っている。」

　　目的語編入を認めない立場は以下のようなものである。

a. 目的語編入とは、非指示的な直接目的語と動詞が「脱他動詞化」したものと考
　　えるが (Hopper and Thompson 180: 254)、以下の受身テストの結果は編入され
　　た目的語を伴う動詞の単位が「脱他動詞化」しているかは明確ではない。

（19）Biz-im ev -de　　çok görültü ol-uyor,

　　　　we-gen house-loc much noise be-prog

　　　　hiç ders çalış-ıl-mı -yor.

at all lesson study -pass -neg -prog

「私たちの家ではとてもうるさいので、全然勉強ができない。」

b. 目的語と動詞の間にくることが可能な一連の不変化詞があり、統語的単位が分断される。

(20)　Murat kitap da oku-r.

M book too read-aor

「ムラトも本読みしている。」

c. (16) に関して副詞が目的語と動詞の間にくるかどうかは、直接目的語に格表示があるかないかに依存する。

(21) a. *Murat bir kitap aceleyle oku-yor.

M.　　one book hurriedly read-prog

b. Murat bir kitab-ı aceleyle oku-yor.

M.　　one book-acc hurriedly read-prog

「ムラトはある (特定の) 本を急いで読んでいる。」

(21a) が示すように副詞は格表示がない目的語と動詞の間にはこない。目的語表示される不定で特定的な直接目的語の場合は、(21b) のように副詞が目的語と動詞の間にきてもよい。

3.2　Erguvanlı の主張への反論

　以下では、上記の Erguvanlı による目的語編入を認めない立場への反論を提示し、さまざまな目的語編入が連続体を形成していることを示す。問題となる構造が目的語編入に該当するかどうかという議論は、ある場合には核心を捉えていないのである。さまざまな構造が連続体を形成しており、第2節では定性の程度というものを確認した。(a) の目的語編入への反論という観点からすると、目的語編入に非人称受身が適用可能であることは、自動詞化の概念への反論とはならない。なぜならトルコ語では、非人称受身は自動詞にも適用可能であるからである。実例は以下のようになる。

(22) o zaman-lar Karaköy'-den Harbiye'-ye
   that time-pl K. -abl H. -dat
   taksi ile iki lira-ya gid-il-ir-di.
   taxi by two lira-adv go-pass-aor-past
   「あの時代は、カラキョイからハルビエまでタクシーで2リラで行くことが
   できた。」

Lewis (1967: 150)

 多くの言語において（ラテン語、ドイツ語、ウェールズ語など）、このようなあ
る程度原型に近い自動詞節の受身化は許容される；Shibatani (1985: 834)。(b) に
みられるような目的語編入を認めない立場への反論については、目的語編入は
目的語編入でないものと連続体を形成していることがあげられる。これまで考
察してきたいくつかの目的語編入は、変形操作を許さない（3.5節の (35) 参照）。
(c) の目的語編入を認めない立場に関していうと、(21b) は目的語編入ではない。
なぜなら、直接目的語は *bir* と対格で表示されており、(21b) は3.1で述べた編入
される名詞の基準から逸脱しているからである。この問題については3.5節で立
ち返ることにする。

3.3　複合語の位置づけとイディオム

 目的語編入について詳細に検討する前に、これまで議論してきたいわゆる名
詞編入とトルコ語の複合語との間には厳格な境界があることに触れなければな
らない。例えば、名詞–動詞の複合語は *affetmek* '許す'：*aff* '許し' + *etmek* 'する
こと'、*kaybetmek* '失う'：*kayıp* '紛失' + *etmek* 'すること'、*kaybolmak*[12] '迷う
こと'：*kayıp* '紛失' + *olmak* 'なること' は強勢が1つだけであり、そのことは全
体が1語であることを示している。

 一方、*kitap okumak* '本読みすること' のような目的語が編入された構造では、
第一要素である *kitap* が1つだけの強勢を持つ。これは名詞と動詞が複合してい
るということを支持する証拠の1つである（Knecht 1985: 89-92）。しかし、これら
の [名詞と動詞の] 間には語境界がある。なぜなら、脚注12で言及したような音
韻的変化が観察されず、二つの要素は分離して表記されるからである。

複合語は一単位の語として機能し、その構成単位を統語的に変形することがで

13

きない。

(23) Ali öğretmen-e çocuğ-u affet-tir-di.
　　　A. teacher-dat child-acc pardon-caus-pst
　　　「アリは先生に子供を謝らせた。」

da '〜も' の複合語への挿入 ;
(24) *Ali öğretmen-e çocuğ-u aff-da-et-tir-di.
　　　A. teacher-dat child-acc pardon-too-caus-pst

aff の移動 ;
(25) *Ali öğretmen-e aff　　çocuğ-u　et-tir-di.
　　　A. teacher-dat pardon child-acc do-caus-pst

しかし、目的語が編入された構造は挿入などの統語的編入操作を受けることが可能である。これらについては後の議論で示す。

　次に、字義通りの意味を持たない典型的なイディオムの統語的な振る舞いを提示する。

　　　baş göster-mek「現れる」
　　　head show-inf

字義的な意味を持つためには、次のように対格表示が義務的になる。

(26) Ali pencere-den sark -mış
　　　A window-abl lean out-perf
　　　baş-ın-ı　　göster-iyor.
　　　head-def-acc show-prog
　　　「アリは窓から乗り出して頭をみせている。」

(26) のような典型的なイディオムはいかなる統語的操作 (例えば挿入) も受け付けない。

(27) *Murat baş da göster-iyor.
     too
 I. M.「ムラトも現れている。」

したがってこれらは完全に凍結されているといえる。

3.4 編入の単位に対しての変形の適用可能性

　トルコ語の目的語編入をさらに詳しく検討するため、統語的な振る舞いの観点から目的語編入の概念を議論し、目的語編入が名詞‐動詞構造の中でどのような位置を占めるのかを決定する。名詞と動詞の間の結束性の程度を検討するため、次のような統語的操作について議論を行う。

  倒置：主語と直接目的語の入れ替え
  代名詞化：直接目的語が照応的な先行詞となる
  取り出し：名詞を形成するために直接目的語を関係節化する
  付加：a. 動詞に副詞を付加する
     b. 直接目的語に形容詞を付加する
  挿入：直接目的語と動詞の間に強調の不変化詞の挿入する

本論では、次のような Erguvanlı（1984: 23-24）で提示された目的語編入の例を検討する。B グループの例は A グループの例よりもより語彙化が進んでいると考えられる。

A グループ；ders çalış-mak.　　「勉強すること」
     lesson study-inf
     şarkı söylemek　　「歌を歌うこと」
     song sing-inf
     yemek yap-mak　　「調理すること」
     food　do-inf

B グループ；günah çıkar-mak　　「告白すること」
     sin take out-inf

göz kırp-mak 「ウインクすること」
eye clip-inf
Avuç aç-mak 「お願いすること」
palm open-inf

例；
(アステリスクはイディオム的な読みも字義通りの読みも不可能であることを示す)

代名詞化
(28) *Murat ders çalış-ıyor,
　　 M. lesson study-prog
　　 Şimdi onu ben de çalış-ıyor-um.（A）
　　 now it I too study-prog-1sg
　　 I.M.「ムラトは今、(授業を) 勉強しています、私も (それを) 勉強している。」
倒置
(29) *Ders şimdi Murat çalış-ıyor.
　　 lesson now M study-prog
　　 I.M.「ムラトは今、勉強している。」
取り出し
(30) *Murat bil-me-diğ-i ders çalış-ıyor.（A）
　　 M know-neg-part-def lesson study-prog
　　 I. M.「ムラトはだれも知らない勉強をしている。」
付加テストa　（動詞への副詞 isteksiz の付加）
(31) *Murat ders isteksiz çalış-ıyor.（A）
　　　　　　　　 unwillingly
　　 I. M.「ムラトはいやいや勉強をしている。」
付加テストb　（直接目的語への形容詞の付加）
(32) *Murat ilginç ders çalış-ıyor.（A）
　　　　　　 interesting
　　 I. M.「ムラトはおもしろい勉強をしている。」

挿入

（33）Murat ders da çalış-ıyor.

　　　　　too

　　I. M.「ムラトは勉強もしている。」

（32）のように、意図した読みのもとでは、Aグループでは形容詞の付加が不可能であることは注目に値する。この場合、単独で形容詞は直接目的語を修飾することができないのである。単独で直接目的語を修飾するためには、次のように形容詞と直接目的語の間にbirがこなければならない。

（34）Murat ilginç bir ders çalış-ıyor.

　　「ムラトは面白い授業を勉強している。」

しかし、(32)の文それ自体は容認不可能なわけではない。次の解釈の元では(32)は容認可能である。

　　「ムラトが勉強しているやり方はおかしい。」

したがって、Aグループは形容詞が直接目的語と動詞の全体を修飾する場合おいてのみ容認可能となる。このことは、Aグループが編入の性質を持つことを示している。

3.5　変形テストの結果

目的語編入構造に対する統語的変形の結果は表1のように示される。

表1

操作 ＼ グループ		A	B
代名詞化		*	*
倒置		*	*
取り出し		*	*
付加	副詞	*	*
	形容詞	*	*
挿入		ok	*

表1が示すところは、AグループはBグループよりもより変形を受けやすいという
ことである。つまり、Aグループの名詞と動詞の間の結束度の度合いは、統語
的な見地からするとBグループよりもいくぶん緩やかである。Bグループが挿入
の操作を受けないという事実は、編入の過程にはさまざまな段階があること示
唆している。したがって、Erguvanlıの目的語編入 (b) に対する反論 (例文20参照)
は目的語編入の存在を否定するには十分でないことになる。(35) のようにda挿
入が許されないような目的語編入の段階があることになる。

(35)　*Murat günah da çıkar-ıyor.

　　　　　　　　too

　　　I.M.「ムラトは罪の告白もしている。」(Bグループでの挿入)

表1の非文法的な文が目的語が対格や*bir*で表示された場合には (34) のように、
部分的に容認可能になることは重要な点である。その他の例を以下にあげる。

副詞付加 (Aグループ)

(36)　Murat ders-i isteksiz çalış-ıyor.

　　　　　　　acc

　　　「ムラトはいやいや勉強している。」

　　　cf. *Murat ders isteksiz çalış-ıyor.

副詞付加 (Bグループ)

(37)　Murat günah-ın-ı isteksiz çıkar-ıyor.

　　　　　　　def-acc

　　　I.M.「ムラトはいやいや罪を告白している。」

　　　cf. *Murat günah isteksiz çıkar-ıyor.

表2は目的語が対格や*bir*で表示された場合の変形操作テストの結果を示して
いる。この表はまたAグループがBグループよりもより変形を適用可能であ
ることを示している。この事実は変形の適用可能性は語彙化 (イディオム性) の
程度と密接に関連しており、この名詞–動詞構造において凍結性の階層 (Fraser
1970) が存在することを示唆している。

表2

操作＼グループ		A	B
代名詞化		*	*
倒置		ok (acc)	*
取り出し		ok (bir)	*
付加	副詞	ok (acc)	ok (def+acc)
	形容詞	ok (bir)	ok (def+acc)
挿入		ok (acc)	? (def+acc)

この事実に加えて、変形の適用可能性は対格や*bir*が生起するかどうかに依存していると仮定することができる。字義通りの意味とはAグループではほぼ合成的な意味に相当するが、グループBは字義通りの意味とは大きくかけ離れたイディオムの読みを持つ。当該の目的語編入を字義通りに読みで分析する場合、その分析は「語のレベル」でなされたことになる。いわゆるイディオムの解釈は典型的には、それが形成されている構成素の和からは予測できない。目的語編入構造は3.3節で述べたように語と語の結合から成っているにもかかわらず、字義通りの意味ではない解釈は「語レベルの分析を超えた」分析とみなされる。表2の容認可能な英語訳は字義通りの解釈を持つことに注意すべきである。直接目的語への表示は統語的単位（直接目的語＋動詞）を割り込み、目的語編入という用語はもはや適用されない。Erguvanlıによる目的語編入に反論する議論 c（21b 参照）を思い起こしてほしい。直接目的語は bir と対格で表示されているので、(21b) は目的語編入とみなすことはできない。こうして Erguvanlı による目的語編入に対する反論cを退けることができる。したがって対格表示は、特にイディオム的な表現の場合、意味的解釈についての意味的境界を標示する機能を持つと仮定することができる。これに加えて、*bir* は (34) で述べたように、先行する形容詞の作用域を限定する。

3.6　目的語編入の位置づけ

　トルコ語の目的語編入は次の図のように捉えることができる。

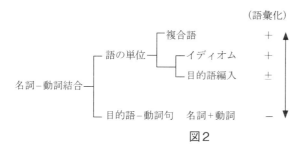

図2

名詞と動詞の結合は統語的かつ意味的なものである。編入された構造は特定の統語的過程に関して統語的に二語に分析できる。しかし、意味的には直接目的語と動詞は結合している。直接目的語が対格で表示される場合は、意味的な結合が分断され、当該の直接目的語は字義通りの解釈を持つ。言い換えると、対格表示は意味的な語境界の表示機能を持ち、変形の適用可能性は表示に依存するのである。

　多くの文法家がトルコ語の目的語編入を意味的に定義してきた。つまり、Nilsson（1984）が言及しているように、話者がある種の活動や達成に関心を持つような状況である。しかし本論では、目的語編入は統語的な性質、つまり変形の適用可能性の観点から定義されうることを示した。

さまざまな目的語編入が連続体を成している。つまり、あるものは統語的に完全に凍結しており、他のものはいくつかの統語的な変形を受けており、さらに別のものはある程度、名詞＋動詞の構造に類似したものになる。結果として、変形の適用可能性は語彙化の程度に依存する。つまり、名詞＋動詞の組み合わせの［語彙化の］程度が、1つの語としての地位を決めるのである。

4.0　結論

4.1　まとめ

　本論では対格表示の条件について主に2つの異なった観点から論じてきた。2節では定性の観点から対格表示された直接目的語を論じた。3節ではゼロ表示の直接目的語、すなわち統語的な変形の観点から特に名詞編入について論じた。

　本論では、対格の生起には多くの要因が関わることを観察した。ここで、本論での発見を次の表3のようにまとめることができる。

表3

動詞の支配	対格でないタイプ	対格タイプ		
名詞の意味		人称代名詞	固有名詞	普通名詞
対格の生起		OBL	OBL	イディオム *　　OI　　+ ** *** N+V　−

OBL: 義務的
OPT: 随意的
*統語的変形（義務的）
付加｛属格付きの修飾、指示詞｝、置換
**形態的変形（義務的）
付加｛派生接辞｝｛人称語尾｝
***定性条件（随意的）
｛照応の状況、属格なしの修飾など｝

他動詞は格支配の観点から、対格タイプか対格でないタイプかの2つの種類に分類が可能である（1.1節参照）。第一段階として、対格の随意性あるいは義務性は、おそらく以下のような名詞句の階層性に応じた名詞の意味を反映する。

1人称代名詞＞2人称代名詞＞固有名詞＞有生名詞＞無生名詞

　人称代名詞や固有名詞では対格が義務的となる。その他の名詞では対格が随意的となる。これらの名詞が統語的あるいは形態的な変形を受ける場合は、対格が義務的となる（格表示が語彙的あるいは意味的に決定されている場合を除く）。次に、変形の適用可能性は統語的凍結度に左右される。1つの独立した条件と他の条件が複合して最終的に表層の格表示の生起を決定する。

　定性の概念をさらに基本的な条件に分離することはまた1.1節で提示した2つ目の問題を説明する。例文 (4) を再び考察する。ここまでの議論に基づくと、この場合例文 (4b) の読みは条件 [H]（統語的語順）のみが関与する。したがって、対格は必ずしも定という特徴を表示しているわけではない。例文 (4b) の読みは「ムラトは本読みしている」であり、対格は文法関係のみを表示している。名詞の意味（普通名詞）から、対格は定性を指定してない。

　さらに、文中の対格の生起は要因がいつも1つだけ関与するわけではない。1つ以上の要因が関与する状況もある。

(38)　Ahmet-in büyük ödül-ü al-acağ-ın-ı
　　　A. -gen　big prize-acc get-fut-def-acc
　　　bil-iyor-du-m.
　　　know-prog-past-1sg
　　　「私はアフメトが大きな賞を取ることを知っていた。」

この場合、条件 [B]（限定語尾）と条件 [E-4]（属格の先行）と [F]（派生名詞）が関与している。したがって、例外なく対格表示が生起しなければならない。この仮説は正しい予測をし、対格を伴わない文は非文法的となる。

(38)’ *Ahmet-in büyük ödül-ü al-acağ-ı
　　　　　　　　　　　　　　　　def
　　　bil-iyor-du-m.

このように、ある場合には、対格表示にさまざまな条件が収束しているのである。

4.2　結論

　ここまでの、トルコ語の対格表示の生起を説明する試みから、次の結論が導き出される。

1. 意味的側面のみに基づく説明（定性の仮説）は不十分である。統語的、形態的、語用論的側面も考慮しなければならない。定性の条件に関してはさまざまな

定の段階がある。対格表示が随意的であることはこの事実の反映である。

2. 本論では、対格は単一の条件か、あるいは条件が重なり合うことにより実現すると仮定してきた。対格の生起を定性の概念のみが決定するというのは事実からはほど遠い。本論ではこの種の説明により、さらに満足度の高い説明ができることを示した。

3. 本論では要素間での相関による体系的な説明を提示した。他の要因に加えて、特に統語的あるいは形態的変形が直接目的語の表示を決定するのである。統語的凍結度も変形操作の適用可能性に関して重要な役割を果たす。この種の問題解決方法は、ゼロ表示の直接目的語に課される条件を考慮することなくしては達成することができない。これらを考えに入れると、「目的語編入」という概念はこの場合にも適用することがわかった。これらの条件は連続体をなして存在していることが提示された。

　このように、「定性の条件」という一般的条件は、個別の現象を相関しながら説明する、いくつかの異なった条件に分解されうる。
　いくつかの追加的問題は将来の研究にゆだねられるものの、今のところ、本論で論じた結論がトルコ語の対格表示の現象に潜むいくつかの本質的な条件を捉えていると結論づける。

* 本論3節の内容は1986年6月15日に筑波大学で開催された日本言語学会第92回大会にて口頭発表したものである。柴谷方良先生、竹内和夫先生、Eser Erguvanlı-Taylan 氏に本論の草稿を読んでいただき、有益なコメントをいただいたことに感謝いたします。また、Ayşesin Emre 氏、Mehmet Külekçi 氏には母語話者として協力していただき感謝いたします。本論の文体的誤りについてご親切に修正していただいた Lawrence Schourup 先生にも感謝申し上げます。本論のすべての誤りと不備は筆者に帰するものです。

注
1) 対格は母音 -i, -ı, -u, -ü のいずれかで実現し、母音調和の原則に従って交替する。本論で使用される略記は次のようになる：aor アオリスト, caus 使役, dat 与格, def 限定, fut 未来, gen 属格, inf 不定, loc 位置格, neg 否定, nomz 名詞化, part 分詞, pass 受身, perf 完了, pl 複数, prog 進行, pst 過去, q.enc 疑問接語, sg 単数, 1,2　1人称　2人称。

2）*al* '買う'，*iç* '飲む'，*ye* '食べる' のような動詞は対格、奪格、ゼロ表示の3種類の格の交替をする。対格と奪格はそれぞれ全体的影響と部分的影響を受けていることを示し、これら2つの格表示は、ゼロ表示とは対照的な指示性と定性を持つ（Nilsson 1986: 44）。

3）次の例において Nilsson（1985: 38）は *balığı* に表示された対格で特定の魚に言及することなく、話者は魚釣りという活動を話題にしていると述べている。

  a. Keyf-im,　　yalnız balık tut-mak-tır.
  pleasure-1sg　only fish catch-inf-pred
  Balığ-ı　　yapayalnız　　tut-mak-tır.
  fish-acc completely alone
  「私の楽しみは魚釣りをすることです。魚をたった1人で釣ることです。」

したがって、彼女の例文は本論での観察を支持するものである。

4）Dede（1986: 159-9）では、トルコ語の対格は次の観察に基づいて定の直接目的語表示以外の機能があることを独自に提案している。
  a. 対格は随意的に総称的な直接目的語を表示してもよい。
  b. 対格は無標の位置から離された直接目的語に表示される。
  c. 対格は所有接辞が付加された不定目的語（bir で表示された目的語）には義務的になる。

5）Nilsson（1979）は対格表示が定性の概念だけでなく名詞の指示性のあり方（特定性、総称性）も重要であることを示した。この問題に関して、Erguvanlı（1984）、Nilsson（1985）、Dede（1986）、Tura（1986）も参照のこと。しかし本論では、定性の程度差に主に注目し、この概念を用いることで関連する現象の説明を試みる。

6）限定語尾と対格は子音の後で生起する場合は同じ形式になる。この場合の区別は文脈に依存する。

7）トルコ語文法において3人称のカテゴリーが認められるかどうかは疑わしい（詳細については Shibata1955 を参照）。したがって本論では3人称単数語尾とする代わりに限定語尾（def）（竹内 1970）という用語を使用する。

8）下記の派生接辞 *-me-* と（13）を比較してほしい。
  a. İstanbul-a git-mey-in-i　　isti-yor-du.
    I.　-dat go-nomz-def-acc want-prog-past
  b. İstanbul-a git-mey-i isti-yor-du.
            acc

「イスタンブルに行きたがっている。」

これら事実は接辞-diğ-はほとんど常に対格と限定語尾を要求するが、接辞-me-はそのような制約がないことを示している。例外的にiste-「望む」あるいはbil-「知る」は格表示のない不定形をとる。

c. Mehmet İsveç-e gel-mek isti-yor.
   M. Sweden-dat come-inf want-prog
   「メフメットはスウェーデンに行きたがっている。」

Nilsson (1985: 38)

9) 使役接辞の-dir-も要因の1つとなるかもしれない。なぜなら、この形態素を含む動詞は影響度と深く結び付くからである。しかし、このことはいつも生じるわけではない。直接目的語が動詞に編入される場合、öl-dür-'死ぬ-使役'='殺す'のように高い程度の影響度でも、無表示のままであることもある。

a. Adam bir sopa ile kurd öl-dür-dü.
   man a stick with wolf die-caus-past
   「男は棒でオオカミを殺した。」

Erguvanlı (1984: 32)

10) 厳密には、限定語尾は対格と義務的な形態的一致をときどき示さないこともあることに注意しなければならない。この点に関して(11)'を思い起こしてほしい。しかし、(12)のように、他の限定語尾は対格を義務的にとる。この相違は意味的な特徴、つまり問題となる修飾語が有生か無生であるかに関わるのかもしれない。

11) Underhill (1972)、Kuno (1971)、Nilsson (1979) は動詞の直前の位置にこない名詞の生起を意味的に捉えた。UnderhillとKunoによると、これらは一般的な談話文の傾向、つまり+定の名詞は-定の名詞に先行するということに起因するという。

12) 辞書において分離して表記されない若干の名詞-動詞の複合語がみつかった。それらは借用語に限られ、母音調和がみられない。しかし、kaybolmakは音韻変化を受け、そこでは後続する母音の影響でkayıpがkaybになっている。

13) Knecht (1985: 92-4) は別の観点から同様の結論に至っている。

14) 栗林 (1987) では、最初の問題、つまり (3) においてbirと対格にみられる矛盾について、1つの可能な解決案を提示した。

15) Comrie（1979: 14）によると、定的直接目的語表示と有生直接目的語表示の間には絶対的に厳密な区別はないとしている。

参考文献

Comrie, B. 1979. Definite and animate direct objects : a natural class. *Linguistica Silesiana 3*: 13-21.

_____. 1981. *Language Universals and Linguistic Typology.* Basil Blackwell. Oxford.

Dede, M. 1986. Definiteness and referentiality in Turkish verbal sentences. In Slobin and Zimmer（ed.）, *Studies in Turkish Linguistics.* Benjamins. Amsterdam.

Erguvanlı, E. 1984. *The Function of Word Order in Turkish Grammar.* University of California Press. California.

Fraser, B. 1970. Idioms within a transformational grammar. *Foundations of Language 6*: 22-42.

Hopper, P. J. and Thompson, S. A. 1980. Transitivity in grammar and discourse. *Language 56*: 251-299.

Knecht, L. 1985. *Subject and object in Turkish,* Ph. D. dissertation, M.I.T.

Kuno, S. 1971. The position of locatives in existential sentences. *Linguistic Inquiry 2*: 333-378.

栗林裕. 1986.「現代トルコ語における対格表示について」修士論文. 岡山大学.

_____. 1987.「トルコ語の bir の新情報マーカーとしての機能」口頭発表. 第95回日本言語学会大会. 岡山大学.

Lewis, G. L. 1967. *Turkish Grammar.* Oxford University Press. Oxford.

Mardirussian, G. 1975. Noun incorporation in universal grammar. *CLS 11:* 383-9.

Mithun, M. 1984. The evolution of noun incorporation. *Language 60:* 847-893.

Moravcsik, E. 1978. On the case marking of objects. In Greenberg（ed.）*Universals of Human Language. Vol.* 4: 249-289.

Nilsson, B. 1979. Definiteness and reference in relation to the Turkish accusative. *Orientalia Suecana.*

_____. 1984. Object incorporation in Turkish. *Papers from the 2nd Turkish Linguistic Conference.* Istanbul.

_____. 1985. *Case Marking Semantics in Turkish.* Doctoral dissertation, University of Stockholm. Stockholm.

Shibata, T. 1954. On the grammatical persons of Turkish language. *Gengo Kenkyu, Vol. 26-7:* 173-8. Linguistic Society of Japan.

Shibatani, M. 1985. Passives and related constructions : A prototype analysis. *Language 61*: 821-848.

竹内和夫. 1970.『トルコ語文法入門』大学書林. 東京.

Tura, S. 1986. Definiteness and referentiality in Turkish non-verbal sentences. In Slobin and Zimmer（ed.）, *Studies in Turkish Linguistics.* Benjamins. Amsterdam.

Türeli, O. 1968.『トルコ語文法会話』丸善. 東京.

Underhill, R. 1972. Turkish participles. *Linguistic Inquiry 3*: 87-99.

2. トルコ語における不定と定の矛盾
― 語用論からの解明 ― *

2.0 序

　対格表示が定名詞に限定されるという制限は世界の諸言語に広くみられるものである。定の直接目的語のみが対格表示をとるトルコ語はそのような言語の中の1つであるといわれている。しかし問題は、ある種の直接目的語は不定の表示、例えば *bir*（'1'）[1] により修飾されるにもかかわらず、対格表示されるという点である。Comrie（1981: 127-9）ではトルコ語とペルシア語から該当例をあげている。下例はトルコ語からのものである。

(1)　Hasan bir　öküz-ü al-dı.

　　　H.　indef ox-acc buy-past

　　　「ハサンは雄牛を買った。」

Comrieによると対格の出現は、聞き手に対して当該名詞の指示物が、聞き手に同定されてはいないにもかかわらず、[後続する] 談話[2] に関わるということを示しているとする。このように、対格の使用は限定性の階層のもとに繋がりうるものである；

完全的＞部分的（定の上位概念）＞関連＞不可能、無関連 [指示物の同定可能性][3]

　本論では、別の角度からの解明を試みる。なぜなら、さまざまな問題が例 (1) には関わるからである。問題の1つは *bir* の位置づけに関するものである。Tura (1973) により指摘されているように、*bir* は英語の冠詞 a/an に相当する単なる不定冠詞ではないようである。これ [*bir*] は、強調の機能も持つ（『トルコ語辞典』192ページ参照）。もう1つの問題は対格の位置づけに関わるものである。対格は常に定性と関わるわけではない（Tura 1973: 185, Nilsson 1979, Dede 1986: 156-9, Kuribayashi 1989 参照）。もしこれが正しいなら、(1) の対格の使用により示される定性に関連して、矛盾は生じないことになる。

　結論として、本論では　a) *bir* を単に不定表示とみるよりも、語用論的な機能

を持つという証拠を提示し、b) 定と不定の矛盾に対して可能な解決案を提示し、c) *bir* と対格が共起する制約について記述する。

2.1　定と不定の矛盾

　序では不定表示の *bir* と限定対格が共起することをみた。しかし、この種の定と不定の間にみられる矛盾は、対格付き目的語以外の名詞類にもみられる。

(2) Biz-im <u>bir</u>　　öneri-<u>miz</u> var.
　　 we-gen indef suggestion-1pl exist
　　 「私たちの助言があります。」

(3) <u>Bir</u> arkadaş-<u>ın</u> sen-i bekli-yor.
　　 indef friend-2sg you-acc wait-prog
　　 「君の友達が君を待っているよ。」

Dede（1986: 150）

（［定と不定の］矛盾する箇所は下線で表示されている）

　本論では、これらの矛盾は後に続く議論の中で、情報構造と限定性の間の対立によるものであるとの説明を試みる。これらの2つの要因は互いに矛盾するものではないものの、*bir* と対格は主題価値の階層[4]において高い位置にある例では、共起しないことを示す。限定性の概念とは異なる、対格や *bir* の独立した条件も表示の生起の決定に関わる。しかし本論では、簡潔に述べるために、限定性との関連における表示の生起について主に扱うことにする。

2.2　定性と新／旧情報

　栗林 (1984) では、*bir* が新情報表示としての機能を持つことを提案した。*bir* の生起は次のように新情報の分布と一致する。

1. 動詞の直前の位置あるいは文末の位置に現れる（トルコ語はSOVの言語である）。
2. いわゆる出現動詞と共起する (Firbas 1966)。
3. 存在文に生起する。

新情報の概念（あるいは情報構造）を導入することは、定性の対立を説明するだ

けではなく、次の事実に対する説明を与える。

1. bir 句は談話上の指示物になり得る。　　　　　　Tura（1974: 94, 1986: 168）参照
2. bir はしばしば形容詞と名詞の間にくる[5]。　　　栗林（1984）参照
3. bir 句の主語はコピュラ文の主語になりにくい。Tura（1986: 168）参照

これらの中で、3の記述は重要である。次の例を比較してみる。

(4) Beş-te bir　otobüs var-dı.
　　five-loc indef bus　exist-past
　　「5時にバスがあった。」=Tura（1986）の（5）
(5) *Bir otobüs beş-te-ydi.
　　 indef bus 5-loc-past
　　「バスは5時だった。」=Tura（1986）の（6）

もし主語が新情報を担うなら、(4) のように存在文で導入される。もし旧情報を担うなら、コピュラ文が用いられる。この理由から、コピュラ文の主語は主題として働く。(5) は bir 句（bir により新情報であると表示されている）がコピュラ文の主語位置で用いられているので非文法的となる。以下では、「理論的には」新情報と定性は互いに矛盾するものではないことを示す。
　定性と新旧情報の関係を明らかにするために、次のような伝達の状況のもとで定という概念を規定する。

…I think you already *know* and can *identify* the particular referent I have in mind…

（Chafe 1976: 39）

新情報と旧情報は次のように特徴づけられる。

…*old information* is that knowledge which the speaker assumes to be the consciousness of addressee at the time of the utterance. So called *new information* is what the speaker assumes he is introducing into the addressee's consciousness by what he says…

（同書: 30）

言い換えると、旧／新情報は話者の観点から発話時Tにおける知識Kの存在ある
いは非存在と捉えられる。このことは次のように図示することができる。

新情報

話者は仮定する：S（話者）H（聞き手）

X　　　－

（[X]は知識の存在を表し、[－]は知識の不在を表す）

図1　仮説1

定性の概念は、特定の発話時を想定しないが、情報の新旧は特定の発話時を想定
するという意味において、新旧情報の概念よりもずっと広い範囲に及ぶもので
あると仮定する。言い換えると、定名詞は旧あるいは新情報になりうるが、不定
名詞は旧情報になることができない。この言明は次のように示すことができる。

a) 定　　$S\ X\ H\ X$　　旧情報
b) 定　　$S\ X\ H\ -$　　新情報
c) 不定　$S\ X\ H\ -$　　新情報

図2　仮説2

新情報とは話し手 - 聞き手モデルに関して定の特別な場合、例えば、*bir*と対格が
共起するような場合であろう。仮説2（図2）により、表層的な標識（*bir*と対格）
としては4つの可能性がある。これらは次のようになる：（ただし数詞としての
*bir*は除く）。

表1

タイプ	birの表示	対格の表示	定性	新／旧情報
[1]	－	－	中立	中立
[2]	－	acc	定（不定）	旧
[3]	bir	－	不定	新
[4]	bir	acc	定（不定）	旧

例；

[1] Ayşe kitap oku-yor. 「アイシェは本読みしている。」
　　A. book read-prog
[2] Ayşe kitab-ı okuyor.「アイシェは本を読んでいる。」
　　　　　　　　acc
[3] Ayşe *bir* kitap okuyor.「Ayşe アイシェはある本を読んでいる。」
[4] Ayşe baba-sı-nın *bir* kitab-ın-ı okuyor.
　　　　father-poss-gen　　poss-acc
　　「アイシェは自分の父親のある特定の本を読んでいる。」

ここで便宜上、対格の出現を決定するものとして下記の条件を用いる。

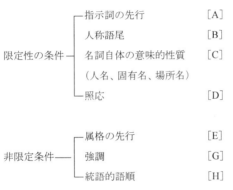

図3　対格表示の条件 (Kuribayashi 1989 より［若干の改変あり］)

次にタイプ［1］から［4］を順に検討する。タイプ［1］は Dede (1986) や Tura (1986) で用いられている「非限定」という用語に対応する。非限定的な目的語においては、その目的語が定か不定かどうかは無関係である。タイプ［2］とは、図3の諸条件による対格表示のことである。タイプ［3］は、*bir* が不定冠詞として機能するものである。タイプ［4］(*bir* と対格が共起する場合) については、この現象には旧／新情報の区別を導入することで説明が可能になる。本論での仮説に従うと、限定対格表示と bir は互いに矛盾しない。この理由として新情報 (*bir* で示される) は上述したように定の特別な場合になる。しかし、対格が付いた直接目的語が *bir* をとれるかどうかを決定するに当たって主題価値の程度が重要な役割を果た

すことを認めなければならない。このことについて次に検討する。同時に、仮説
1と仮説2が正しいことを証明する。

2.3　bir と対格の共起に関する制約

　仮説1を証明するために、次の例文を考える。

(6)　*Bir　bu　　gazete-yi　　çıkar-mak zor bir iş.

　　　indef this newspaper-acc publish-inf hard a job

　　　I.M.（意図する読み）「この新聞を印刷するのは難しい仕事である。」

　　　　　　　　　　　　　　　　　　　　　　　　　　　　（条件［A］：指示詞）

(7)　*Bir Adana　-yı gez-di-k.

　　　indef A.　acc tour-past-1pl

　　　I.M.「私たちはアダナを見物した。」　　　　　　　（条件［C］：固有名詞）

条件［A］と条件［B］のもとで対格が付いた直接目的語は、新情報表示の *bir* をと
ることができない。なぜなら、これらの条件は $SXHX$ つまり、名詞に関して旧
情報の地位を持つような状況を予測するからである[6]。仮説1とこの状況は互い
に矛盾し、故に例の(6)と(7)は容認不可能となる。これに対して、図3の他の
条件による対格は、条件［E］を除き、随意的に *bir* をとるが、文法性の判断は微妙
なものになる（これ以後、*bir* は新情報の表示とみなし標識 'NEW' で示す）。

(8)　Bir　　kitab-ımız-ı　　ver-di-k.

　　　NEW　book-1pl-acc　give-past-1pl

　　　「私たちは私たちの本を渡した。」　　　　　　　　　（条件［B］：人称語尾）

(9)　Bana birçok kitap₁ ver-miş-ti-n,

　　　me　many　book　give-perf-past-2sg

　　　fakat bir tane-si-ni,　　kaybet-ti-m.

　　　but NEW piece-poss-acc　lost-past-1sg

　　　「きみはたくさんの本を私にくれたけど、1冊を無くしてしまった。」

　　　　　　　　　　　　　　　　　　　　　　　　　　　　（条件［D］：照応表現）

32

（10）Ayşe baba-sı-nın bir kitab-ın-ı　　　oku-du.

A. fater-poss-gen NEW book-poss-acc read-past

「アイシェは父親の本を読んだ。」　　　　　　　（条件［E］：属格の先行）

（11）Böyle güzel bir gece-yi mehvet-me-n-i

such beautiful NEW night-acc break-neg-2sg-acc

iste-me-di-m.

want-neg-past-1sg

「このような素晴らしい夜をあなたが台無しにすることを望んでいなかった。」　　　　　　　　　　　　　　　　　　　（条件［G］：「夜」の強調）

（12）?Murat bir　　kitab-ı şimdi oku-yor.

M.　　　NEW book-acc now read-prog

「ムラトは今、本を読んでいる。」　　　　　　（条件［H］：統語的語順）

cf. Murat bir kitap okuyor.「ムラトは本を読んでいる。」

上記の例で示されているように、いくつかの対格付きの名詞は *bir* をとることができないが、他のものは随意的にとることができる。このことは、対格で表される限定性の作用域は *bir* よりも広いことを示し、それ故に仮説2が正しいものと認めることができる。つまり、新情報とは話者‐聞き手モデルに関しての定性の特別な場合なのである。新情報の標識の *bir* は常に対格と共起するわけではないことに注意したい。例（8）から（12）で示したいくつかの条件に限られるのである[7]。これらの証拠から、主題価値の程度という概念が考慮されなくてはならない。次にみられる対比を考えてみよう。

（13）a.

Yarın üniversite-nin,（*bir）açılış　　tren-i var.

tommorow university-gen NEW opening ceremony-poss exist

「明日、大学では開学式がある。」

b.

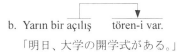

Yarın bir açılış　　tören-i var.

「明日、大学の開学式がある。」

　　　　（修飾関係は矢印で示されている）

(13) では、(b) の主要部名詞は単一の修飾を受けるが、(a) の主要部名詞は二重の修飾を受ける。従って (a) は主題価値の階層上、高い位置を占め、*bir* とは共起しない。条件 [E] や条件 [G] のもとで対格が付いた直接目的語では、*bir* がより生起しやすくなる一方、[A] や [C] などの他の条件や、条件の組み合わせは [*bir* が] 生起しやすくならない。これらの条件の下では、話者と聞き手は、発話時に指示物を話者X聞き手X として、つまり主題価値の階層上、高い位置にあると同定しているようである。これに対して、条件 [E] や [G] に基づく対格付きの直接目的語は主題価値の階層上、低い位置になる。

　以下では、これらの相関を図示し、ここで *bir* からのびる矢印は *bir* の生起する領域を示す。

図4　主題価値の階層

条件 [E] や条件 [G] はそれぞれ主題価値の階層上、低い位置を占めるが、実際の文においてはさまざまな条件が組み合わされてもよい。例えば、(13) は 2 種類の修飾関係を持つ。結果として、主要部名詞は主題価値の階層上、高い位置を占めるようになる。[8]

2.4　まとめ

　本論では、次のような点について検討した。

ⅰ）トルコ語の不定と定の矛盾は *bir* と対格の間に特化したものではない。例えば、これらの矛盾は、もし *bir* を不定の表示とみるなら、トルコ語のさまざまな場面でみられる。

ⅱ）新情報の概念はトルコ語にも適用可能であることを提示し、理論的に旧／新情報と限定性は互いに矛盾しないことを示した。

iii) しかし、*bir* と対格の共起は一般的にある種の制約を受ける[9]。その制約は曖昧で、さまざまな条件が関連するが、今の時点でいえることは、主題価値の程度差と *bir* の語用論的機能をその説明のためには考慮する必要があるということである。

* 本論の草稿は1987年10月に岡山大学で開催された第95回日本言語学会大会にて口頭発表した。

注

1) Bir はもとは数詞である。この理由により、bir は通常 süt‘ミルク’、su‘水’のような不可算の名詞類と共に用いることができない。

 a. *Bana bir su ver-ir mi-sin ?
   to me indef water give-aor Q-2sg
   「水をくれる？」

しかし形容詞を使用することにより、名詞についてさらに情報を付け加える場合はbirを用いることができる。

 b. Bana sıcak bir su ver-ir mi-sin ?
     hot
   「お湯をくれる？」

2) この対格表示された bir 句の機能は Nilsson (1979: 126) でも触れられている。しかし、彼女は問題となる目的語が非指示的になる例も提示している。下記の例はそのような例の1つで、必要を示すムードが非現実の状況を表している。

 a. Bir tek yazar-ı al-ma-m lâzım.
   indef single writer-acc take-ger-lsg necessary
   「私はただ1人の作家を選ばなければならない。」

3) Tura (1973: 125) はこのような場合の矛盾を疑似的「限定」と呼び、不定形式と定形式の間にあるとする。彼女によると、多くの解釈があるとする。例えば、部分格の場合では話者と聞き手双方にその集合は知られてはいるが、その成員が選ばれていないような場合であるとす

る。また不透明な場合では、指示物に関しての情報の入手可能性を聞き手のみに伝え、主語と話し手の双方にとって旧情報を表す。

4）話題価値性は定性に関わる変数であるが、±定性や±特定性のもとで容易に捉えられるものではない（Zimmer1987: 59）。下の例は話題価値性に関連する例である。

    a. *Bir kitab-ı　　kaybet-ti-m. Bul-amı-yor-um.
      indef book-acc lost-past-1sg find-neg-prog-1sg
      「私は本をなくした、みつけることができない。」

    b. Bir öğrenci-yi　　kaybet-ti-m.　　Bul-amı-yor-um.
      indef student-acc lost-past-1sg find-neg-prog-1sg
      「私は学生を見失なった、みつけることができない。」

人間（学生）は非人間（本）よりも、もともとより個別化されており、話題価値性が高い。

5）修飾部にさらに情報を付加することにより、主要部名詞は新情報の地位を得る（注1参照）。

6）新情報の地位を保証するような適切な文脈を作り上げることができるなら、*bir* と共に指示詞や、意味的に定の名詞を使用することが可能である。

    a. Her şey bit-ti,　　　bir　bu kal-dı.
      everything finish-past NEW this remain-past
      「すべてが終わった、ただこれだけが残った。」（条件［A］）

    b. Bunu　　bir　sen yap-abil-ir-sin.
      this (acc) NEW you do-abl-aor-2sg
      「これを君だけがすることができる。」（条件［C］）（*Türkçe Sözlük* p.192）

これらの事実はまた、新情報が例えば図2の (b) のような定性と両立するという仮説を支持する（注8参照）。

7）(12) の変則性はおそらく語順の制約の違反によるものであろう。つまり直接目的語の bir 句は動詞の直前の位置にこなくてはならない。

8）筆者は、例えば (1) のように、対格表示が直接的に定の語尾と結び付く場合の解決案を提案している意図はないことに注意してほしい。

9) この制約に対してのありうる逸脱例として、形容詞による修飾や適切な動詞を置くことにより新情報としての地位を保証することがある。(11) では形容詞güzel はこの機能を担っている。出現動詞 (存在動詞) については、次の対比をみてみよう。

    a. *Bir kitab-ın-ı   kaybet-ti-m.
      NEW book-2sg-acc lost-past-1sg
      「私は君の本をなくした。」
      cf. kitab-ın-ı Kaybet-ti-m.

    b. Senin   bir öneri-n   var-dı.
      you (gen) NEW suggestion-2sg is-past
      「君の助言があった。」

これらの例は、条件 [B] (人称語尾) によるものだが、(b) の適格性はおそらく存在動詞のvarによるものである。

参考文献

Chafe, W, L. 1976. Givenness, contrastiveness, definiteness, subjects, topics, and point of view. In Li (ed.) *Subject and Topic*: 25-55. Academic Press. New York.

Comrie, B. 1981. *Language Universals and Linguistic Typology*. Basil Blackwell. Oxford.

Dede, M. 1986. Definiteness and referentiality in Turkish verbal sentences. In Slobin and Zimmer (eds.) , *Studies in Turkish Linguistics*: 147-163. John Benjamins. Amsterdam.

Firbas, J. 1966. Non-thematic subjects in contemporary English. *Travaux Linguistique Prague* 2: 239-256.

栗林裕. 1984.『現代トルコ語における Bir の機能について』卒業論文. 岡山大学.

Kuribayashi, Y. 1989. Accusative marking and noun-verb constructions in Turkish. *Gengo Kenkyu Vol.95*: 94-119. The Linguistic Society of Japan.

Nillson, B. 1979. Definiteness and reference in relation to the Turkish accusative. *Orientalia Suecana*.

Tura, S. 1973. *A study on the Articles in English and their Counterparts in Turkish*. Ph.D. dissertation. University of Michigan.

_____. 1986. Definiteness and referentiality in Turkish verbal sentences. In Slobin and Zimmer (eds.)

TÜRKÇE SÖZLÜK. 1988. Türk Dil Kurumu. Ankara.

Zimmer, K.1987. Turkish relativization revisited. In Boeschoten and Verhoeven (eds.) *Studies on modern Turkish* : proceedings of the third conference on Turkish linguistics; 57-61. Tilburg University Press. Tilburg.

3. トルコ語の非対格構文について *

3.0　序 [1]

　ある言語の構文をその構文における動詞のとる項の数により分類すると、自動詞文と他動詞文に分けられるのは周知のことである。しかし近年、特に理論言語学の分野から自動詞文はさらに2つに下位分類されることが提案されてきた。それは非能格構文と非対格構文に分類されるという主張である。まず意味的には前者は意志的あるいは生理的現象を示す述語であり、後者は英語では形容詞になる述語、被動者的、被動物的な述語、存在や発生を表す述語、非意志的な述語、アスペクトを表す述語などである（Perlmutter1978）。非能格構文の唯一項は元来、主語位置にあり派生の過程で変化はみられないのに対し、非対格の唯一項は元来、目的語の位置にあり派生の過程で主語位置に現われるとするもので、そこには統語的な違いがあるといわれる。後者は「非対格の仮説」と呼ばれている。この現象は関係文法的な説明では、文法階層の最終段階で主語の関係を持つものが1つ存在しなければならない「最終主語の法則（Final One Law）」の要請により元来、目的語の関係を持つものがそのまま最終文法階層における目的語になることを禁じられるので主語の関係を持つようになると説明される。また生成文法的な説明では主題や被動者あるいは被動物をとるような動詞（非対格動詞）は目的語に格を付与する能力がないと仮定される。自動詞文における唯一項である目的語位置にある名詞は、そのままでは格フィルターに抵触してしまうので格を受け取るために主語位置に移動すると考えられている（Burzio1986）。非対格構文という名称はこの対格付与の能力がないという動詞の性質に因むものである。

　さて、このような抽象的な移動（関係文法的な言い方によると目的語から主語への昇格）を仮定する根拠としてさまざまな証拠が今まで提案されてきた。例えばオランダ語における非人称受身（Perlmutter1978）、イタリア語における助動詞の選択やクリティクスの振る舞い（Burzio1986）、日本語の数量詞移動（Miyagawa1989）など。本論ではトルコ語文法において非対格性が存在するのか、つまり統語的な昇格を認める必要があるのかどうかについて*olmak*複合語を中心にしながら考察していく。

　まず第一節で今まで述べられてきたトルコ語文法において非対格性を示す統

語的な現象を概観する。第二節では特に*olmak*複合語について関係文法の観点から非対格性との関連をみてゆく。第三節では以前に提示された意味的な観点からの非対格性に対する反論をみる。第四節ではトルコ語の動詞一般について語彙概念構造のレベルも考慮に入れながら、統語的な非対格性を認めることができるのかについて考える。そして結果構文、数量詞の解釈、使役文の格表示における振る舞いより、非対格と非能格に分類する根拠はないことを示す。第五節では*olmak*複合語において述べられてきた非対格性について使役化、行為者句の不在、二重受身、意志性のテストより統語的な昇格を認める必要がないことを述べる。第六節がまとめになる。

3.1 トルコ語における非対格性

　トルコ語の非対格性については Perlmutter（1978）、 Özkaragöz（1980）、 Rosen（1984）、 Knecht（1985）、 Özkaragöz（1986b）、 Engin（1991）などで述べられているが、本節では関係文法の観点に基づきながら、どのような統語現象に非対格性が関与しているかを概観する。[1]

　トルコ語の動名詞形 *-arak/erek*（ながら）は主動詞と時間的に同時か、または少し前に生じる単一的あるいは継続的動作を表す。これについて次のような統語的条件が提案されている（Özkaragöz 1986b）。

(1) ⅰ. コントローラーと同一指示削除の対象は同一の始発文法関係を保持しなければならない

　　ⅱ. コントローラーと同一指示削除の対象は最終文法関係が主語にならねばならない　　=18 [2]

例えば次の例文をみてみよう（eは同一指示削除の対象の位置を示す）。

(2) a. Çocuk［Çocuk sakız çiğne-yerek］annesin-i öptü
　　b. Çocuk［e　　　sakız çiğne-yerek］annesin-i öptü　　=19
　　　　　　　　　　　　　　　　　　　　　　　　　　対格
　　　「子供がガムを噛みながら母親にキスした。」
(3) *Çocuk［sakız çiğne-yerek］öp-ül-dü　　=20
　　　　　　　　　　　　　　　　受身

　　「子供がガムを噛みながらキスされた。」

(2a) は主文である Çocuk annesin-i öptü と補文（従属節）Çocuk sakız çiğne-yerek の 2 つの文が考えられ、(2b) が派生されるためには派生のある段階で補文主語が同一指示削除の規則により削除されなければならない。具体的にはコントローラーは主文の主語である「子供」になり同一指示削除の対象は補文内の主語になり、(2) の文が派生される。ここで態（Voice）に関わる文法的派生は生じていないので始発文法関係（一番始めの文法関係）も最終文法関係（派生の最終段階の文法関係）もそれぞれ主文主語、補文主語として同一であるため (1) の条件を満たす。しかし (3) では主文の始発文法関係は「子供」が目的語で、同一指示削除の対象は補文内の主語となる。最終文法関係は主文の目的語が受身化により主語になり、コントローラーと同一指示削除の対象は両者とも主語となり一致する。これは (1ii) は満たしているが (1i) を満たしていないので非文法性が正しく予測される。以上の導入を踏まえて、この条件でトルコ語の非対格性がいかに説明されるのか考えていきたい。

(4)　Hasan [aniden düşerek] ortaya çıkıyor.　=41
　　「ハサンは突然こけながら（舞台に）現われる。」
(5)　Sarhoş [yalpalayarak] kaydı.　=42
　　「酔っ払いはふらふらしながら滑った。」

(4) と (5) は主文動詞も補文動詞も非対格動詞なので非対格の仮説より始発文法関係は目的語である。最終文法関係は (1) の条件が正しいとすると、これらの目的語は主語になるといえる。つまり間接的に非対格における昇格（目的語が主語になること）が説明されたことになる。さらにこれを支持する証拠となる例文を次にあげる。

(6)　*Kız [kayak kayarak] düştü　=52
　　「女の子がスキーをしながらこけた。」
(7)　*Adam [yüzerek] boğuldu　=53
　　「男が泳ぎながら溺れた。」

(6) の主文の始発文法関係は非対格述語なので、「女の子」が目的語なのに対して補文では非能格述語なので主語となる。したがって (1i) に抵触することになる[3]。(7) では「男」の始発文法関係は非対格述語なので主文目的語なのに対し同一指示削除の対象は補文内が非能格述語なので主語になっているため (1i) に抵触することになる。次の非対格構文の昇格に関する議論は非人称受身からのものである。もし受身構文が昇格であると普遍的に捉えられると仮定するならば関係文法においては非人称受身構文において昇格するのは疑似要素 (dummy element) であると考えられる。そうすると同一節内で2回の昇格は許されないとする法則 1-Advancement Exclusiveness Law (1-AEX) により非対格構文に非人称受身が適用したものは非文法性を予測するのである (Perlmutter1978)。

(8)　*Buzun üstünde sıksık düş-ül-ür.　=103
　　　「氷の上ではよくこける。」
(9)　*Bu yetimhanede çabuk büyü-n-ür.　=107
　　　「この孤児院ですぐに大きく成長する。」

上例において非対格動詞 *düş-, büyü-* は目的語から主語への昇格が1回生じていると考えると非人称受身によって疑似要素がさらに1回昇格が生じる。そうすると同一節内で昇格が2回起こることになり 1-AEX に抵触することになる。このように 1-AEX と非人称受身の相関によって間接的に非対格の昇格を証明できることになる。

3.2　非対格補助動詞としての olmak

　第一節ではトルコ語文法において統語的に非能格述語と非対格述語を区別する根拠をみてきた。Özkaragöz (1986b) では補助動詞 *olmak* と *etmek* について、それぞれ非対格動詞と非能格動詞に対応すると述べている。

(10)　借用語と補助動詞から形成される述語を持つ節
　　　もし借用語と補助動詞から成る述語が非対格の2から1への昇格を含むなら、補助動詞として *olmak* が現われる。その他の場合は *etmek* が現われる。
　　　=80

以下にそれぞれの代表的な例をあげておく。

(11) a. yardım etmek 　「手助けする」

　　　 dans etmek 　　「ダンスをする」

　　　 protest etmek 　「反抗する」

　 b. ameliyat olmak「手術する」

　　 öksürük olmak 　「咳をする」

　　 şahit olmak 　　「目撃する」

　意味的な観点からすると etmek は行為者をとり、olmak は被動作者をとるように みえるが次の例のように etmek でも被動作者をとる例があることから、意味的 な分類で分けるのは問題がある。

(12) tevellüd etmek 　「生まれる」

　　 teverrüm etmek 　「肺病になる」

　　 teybis etmek 　　「乾燥する」

他動性という観点からすると (13a,b) のように etmek は自動詞的にも他動詞的に も使えるのに対して olmak は (13c,d) の対比からわかるように自動詞的にしか使 えない。

(13) a. Ali dans etti. 　　　　　「アリはダンスをした。」

　 b. Ali Mine'yi ziyaret etti. 「アリはミネを訪問した。」

　 c. Ali şahit oldu. 　　　　　「アリは目撃した。」

　 d. *Ali Mine'yi şahit oldu. 「アリはミネを目撃した。」

　本節ではトルコ語における非対格の昇格の議論を踏まえた上で、補助動詞 olmak が非対格性と結び付くという統語的根拠を検討していくことにする。

　記述文法の観点から olmak の用法をみると次の (14a-d) にみられる「コピュラ としての用法」、「～になる」、「～が起こる」、「～が熟す」という主動詞的な用法 の他に、(11b) でみたような主に (外来語) 名詞や形容詞についてそれを動詞化 する補助動詞としての用法がある (以下では olmak 複合語と呼ぶことにする)。

(14) a. ben olsam......=ben isem 「私であるなら」

　　 b. Kızım doktor oldu. 「私の娘は医者になった。」

　　 c. Kızım güzel oldu. 「私の娘はきれいになった。」

　　 d. deprem oldu. 「地震になった。」

　　 e. elma oldu. 「りんごが熟した。」

　また Lewis (1967) では態 (Voice) という観点から olmak は edilmek や olunmak と共に etmek の受身形に対応すると述べている。(10) でみたように Özkaragöz (1986b) は補助動詞としての olmak と etmek 複合語を、それぞれ非対格動詞と非能格動詞に対応すると述べているがその根拠を順にみていく。

　まず第一の証拠は olmak 複合語を含む補文に対して使役化ができないことである。

(15) a. *Hasan-ı nakavt ol-dur-dum. =81a

　　 b. Hasan-ı nakavt et-tir-dim. =81b

　　 「私はハサンを (誰かに) ノックアウトさせた。」

この理由は (16) の原則からの帰結であると説明する。

(16) トルコ語の使役文の補文では名詞 a は同じ末尾を持つような主語と目的語の弧の主要部とはなれない。 =84

つまり (15) において、使役文の補文は Hasan nakavt ol- であるが、この述語は非対格動詞なので名詞 Hasan は派生の過程で主語と目的語の関係を持つといえる。したがってこの補文は (16) の原則により使役化することができない。

　第二の証拠は次の例文 (17a) と (17b) の対比より受身による昇格と非対格による昇格を区別できるということである。(17a) は受身の昇格であるので etmek 補助動詞が現われなければならないが、(17b) は非対格の昇格なので olmak 補助動詞が現われなくてはならない。両者を区別するさらなる根拠は、非対格構文には行為者の句がとれないが etmek 補助動詞の場合はこれがとれるという点である。

(17) a. Ayşe（doktor tarafından）ameliyat ed-il-di.　　=85a

　　　「アイシェは（医者に）手術された。」

　　b. Ayşe ameliyat oldu.　　　　　　　　　　　　=85b

　　　「アイシェは手術した。」

　　c. ?/*Ayşe（doktor tarafından）ameliyat oldu.　　=85c

　　　「アイシェは（医者に）手術された。」

（17c）は最終失業者（chômer）になるべき始発の主語が存在しないため非文法的
になる。つまり（17c）に基づいた始発階層を想定すると *Doktor Ayşe'yi ameliyat*
oldu. になるが、これがそもそも非文法的なのである（(13d) 参照）。*olmak* 複合
語の最終階層では失業者になるべき名詞句が現われてはいけないことになる。
よって「最終主語の法則（Final One Law）」の要請で目的語の関係を持つ *Ayşe* が
最終階層の主語になる以外に道はなく、昇格が起こるとするのであろう。この考
え方に対する批判は第七節で再び述べる。（17a）では *Doktor Ayşe'yi ameliyat etti.*
という関係が成り立つ。したがって始発になるべき主語 *doktor* が存在すること
になる。

　第三の証拠は非対格動詞を非人称受身にした時のものである。

(18)　Bu odada ameliyat ol-un-ur.　　=89a

　　　「この部屋で手術される。」

ここでは目的語から主語への昇格があるが故に *olmak* が現われているという。こ
こで注意すべきは非対格の昇格の証明に使われた 1-AEX がここでは認められな
いということである。Özkaragöz はトルコ語において 1-AEX を破る例がほかにも
存在するとし、最終的にトルコ語では 1-AEX を認めない立場をとる。

　第四の証拠は *-arak* 文と非対格動詞の相関からのものである。

(19) a.*Hasan　tifo　olarak　dersine　çalıştı.　=90a

　　　「ハサンはチフスになりながら勉強した。」

　　b. Tifo　olarak　öldü.　　　　=90b

　　　「チフスになりながら死んだ。」

(19a) では補文動詞が非対格動詞なので補文名詞の始発文法関係は目的語になる。主文は他動詞なので主文名詞の始発文法関係は主語である。始発文法関係が先にみた (1i) に抵触してしまうため非文であることを予測する。一方 (19b) では補文動詞も主文動詞も非対格動詞なので始発文法関係は目的語で同一である。また最終文法関係も昇格が起こり両者とも主語になるので原則の (1i,ii) とも満たしているといえる。したがってこれらの例は -arak 構文の原則と相まって olmak 補助動詞に非対格の昇格があることを間接的に証明することになる。

　ここで興味深いのは olmak 補助動詞の場合、義務的に目的語から主語への昇格が起こるが、他の非対格動詞の場合はそうでない場合もありうるという点である (Özkaragöz (1986b) Chapter 4, Note 21 参照)。非対格述語に二重使役をかけた文においては非対格の昇格がない場合もありうる。先に注 (3) において二重使役文では述語が非能格か非対格で差異がみられることを述べた。

(20) a. Sema Turhan'a kız-ı kay-dır-t-tı.　　　　　=103a

　　　非対格の二重使役

　　　「セマはトゥルハンに（命じて）女の子を滑らせた。」

　　b.*Ben Turhan'a Sema'yı kayak kay-dır-t-tım.　=104a

　　　非能格の二重使役

　　　「私はトゥルハンにセマがスキーをするようにさせた。」

　非能格の二重使役が文法的になるためには補文の主語が最終階層における失業者（関係文法でいう final 1-chômer）にならねばならない。失業者になる名詞は斜格で表されるとすると以下のようになる。

(20) c. Ben Sema'yı Turhan vasıtasiyle kayak kay-dır-t-tım.　=105a

　　　「私はトゥルハンにセマがスキーをするようにさせた。」

この場合トゥルハンが後置詞 vasıtasiyle（〜によって）を伴うことにより失業者になっている。一方、非対格述語に二重使役をかけた場合、埋め込み文主語は (20a) のように与格で出る以外に、この後置詞でも生起することができるのである。

(21) a. Sema su-yu Turhan'a musluktan ak-ıt-tır-dı.　　　　=102b

「セマはトゥルハンに水を蛇口から流させた。」

b. Sema su-yu Turhan vasıtasiyle musluktan ak-ıt-tır-dı. 　=102c

つまり、これは二重使役において一番深く埋め込まれた補文中の非対格述語は場合によって非能格述語と同じ振る舞いをみせるということである。非対格述語でありながら非対格の昇格を起こさずに目的語の位置にとどまっている場合(20a)(21a)と、通常どおり非対格の昇格を引き起こしている場合(21b)が考えられる。Özkaragözはこの問題に対して二重使役に対する2つの条件を提案している。

(22) a. 一番深く埋め込まれた節の始発階層が非能格あるいは他動詞の場合、中間の節に対して連合再評価規則(the union revaluation rule)は適用しない。=98

b. 一番深く埋め込まれた節の始発階層が非対格の場合、中間の節に対して連合再評価規則あるいは継承の原則(the inheritance principle)が適用してもよい。　=99

「連合再評価規則」とは中間節の主語が主節で与格の関係になることを規定したもので、「継承の原則」とは中間節の主語がそのままの関係を主節に持ち越すことを規定したものであるが、これは独立した法則である「階層の唯一性の法則(Stratal Uniqueness Law)」(特定の階層において特定の項は複数の関係を持ってはならないという法則)により失業者になることが要請される。(22)の条件は導き出される文法関係を関係文法の規則や原則に合う形に捉えたものであり、なぜこれらの条件が働くのかということに答えるものではない。Özkaragöz自身も述べているとおり非対格述語の場合の中間節主語はどうして主節で与格目的語あるいは斜格となりうるのかは明らかではない。

3.3　非対格分析に対する Knecht (1986) の反論

前節では関係文法の枠組みから olmak 補助動詞の非対格性を支持する証拠を提示した。しかしトルコ語文法において非対格の昇格を認めないという立場がある。第二節で非対格動詞の受身が非文法的になる例をみながら、1-AEX と相関

させて非対格の昇格を仮定することができると述べた。

(8) *Buzun üstünde sıksık düş-ül-ür.　　=103
　　「氷の上ではよくこける。」

(9) *Bu yetimhanede çabuk büyü-n-ür.　　=107
　　「この孤児院ですぐに大きく成長する。」

Knecht (1986) はこれに対して非対格動詞であるけれども受身になる例をあげている。また Perlmutter (1978) が呈した上例の文法性に対しても異義を唱えている。Knecht の調査によると非対格動詞の受身で文法的なものも多くあるという[4]。

(23) a. Bu ayda hastalan-ıl-ır.　　=63
　　　「この月では病気になる。」
　　b. Bu sıcaklarda terle-n-ir.
　　　「この暑さで汗が出る。」
　　c. Yağmur yağınca Serencebey yokuşunda kay-ıl-ır.
　　　「雨が降るとセレンジェベイ坂はすべる。」
　　d. Şu ormanda sıksık kaybol-un-ur.
　　　「その森でしばしば行方不明になる。」

自動詞で受身が可能なものは次のような動詞があると述べている。

(24) a. 表層の主語として行為者をとるもの
　　　ağlamak, gelmek, gülmek, giyinmek
　　　「泣く」、「来る」、「笑う」、「着る」
　　b. 表層の主語として経験者あるいは認識者をとるもの
　　　korkmak, şaşmak, utanmak, üzülmek
　　　「恐れる」、「驚く」、「恥ずかしがる」、「悲しむ」
　　c. 表層の主語として被動作者をとるもの
　　　iyileşmak, ölmek, asker olmak, akıllanmak
　　　「直る」、「死ぬ」、「兵士になる」、「賢くなる」

これらの動詞の共通点として表層の主語が人間であることに注目し、またこれらの動詞の受身は常に人々一般という解釈が出ることからKnechtは始発中核項（Initial nuclear term）がPROであるとき自動詞述語は受身が可能になると述べている。したがって非対格の仮説、受身による昇格、1-AEXによる説明に依存する必要はなくなる。

　また前節では-arak節による議論からトルコ語の述語動詞には非対格性がみられるということを示したがKnechtはこれらの議論自体が維持できないという。関係する条件を以下にあげる。

(1) i. コントローラーと同一指示削除の対象は同一の始発文法関係を保持しなければならない。

　　 ii. コントローラーと同一指示削除の対象は最終文法関係が主語にならねばならない。　　　=18

上記の条件 (1) によると次の例を説明することができない。

(25) a. Çorba［e taşarak］elimi yaktı.　　　=16a
　　　　「スープが煮立ちながら私の手を焼いた。」
　　 b. Patlıcan.［e pişerek］suyu emiyor.　　=16b
　　　　「茄子が煮えながら水分を吸っている。」
　　 c. Ateş［e yanarak］beni ısıtıyor.　　　=16c
　　　　「火がもえながら私を暖める。」(eは同一指示削除の対象)

例えば (25a) をみてみると「スープ」は主文では始発主語でかつ最終主語である。しかし補文では非対格述語の項なので始発目的語で最終主語と考えられる。すると条件 (1i) に抵触するので非文を予測するが、実際はそうはならない。また条件 (1) では適格文を予測するが実際には非文法的であるとして以下の例をあげている。

(26) a.*Hastalar［e iyileşerek］ziyaret ed-il-medi.　=19a
　　　　「病人は回復しながら訪問されなかった。」
　　 b.*Kız［e kızararak］merakla seyred-il-di.　　　=19c

「女の子は赤面しながら興味深くみられた。」

c. *Fırın [e ısınarak] sil-in-di.　　　　　=20b

「かまどは暖まりながら消された。」

d. *Güneş [e batarak] beğen-il-di.　　　=20c

「太陽は沈みながら賞賛された。」

(26a) をみると「病人」は主文では始発目的語で受身により最終主語となり、補文でも始発目的語で非対格の昇格により最終主語となっている。(26a,b) はコントローラーが動物 (animate) という意味素性を持つ場合で (26c,d) は非動物 (inanimate) という意味素性を持つ場合である。これらの例はすべて条件 (1) に従うが結果は非文法的になってしまう。したがって Knecht は条件 (1) を保持すること、および非対格の昇格を認めることに反対する。*-arak* 構造は条件 (1) ではなく次のような意味的条件に従うとみなす。

(27) a. もしコントローラーが意味的な行為者であるならば、コントロールされる対象は意味的な被動作者/物ではありえない。逆もまた同様である。

b. コントローラーと同一指示削除の対象は同じ始発文法関係を保持しなければならない。

この条件によると (25) は非行為者 (non-agent) がコントローラーになり被行為物 (patient) が削除の対象になるので適格性が予測されるし始発文法関係も同一である。(26) についてはコントローラーが被動作者/物だが、同一指示削除の対象は非行為的なので条件 (27a) は満たす。また主文は受身文なのでコントローラーの始発文法関係が目的語になる。これに対して同一指示削除の対象の始発文法関係は、非対格の昇格を認めていないので主語になるため (27b) より非文法性が正しく予測される。Knecht はこれらの事実から *-erek* 構文によるテストの有効性を否定しトルコ語には非対格の昇格が存在しないし、自動詞の項はすべて主語の関係を持ち抽象的なレベルで目的語の関係は持たないと結論づける。

3.4　トルコ語動詞の非対格性

olmak 複合語が非対格動詞を形成するということは原理とパラメーターのアプローチによると D- 構造と S- 構造を表示のレベルとして認めることになり、関

係文法のアプローチによると同一の弧が複数の関係を持つことになるため、い
ずれのアプローチをとるにせよ複数のレベルを認めることになる。本節および次
節ではこれに対して今までÖzkaragözが認めてきたような複層分析を認める必要
はないことを示していきたい。具体的には目的語から主語への非対格の昇格を
裏付ける証拠とされてきたものは意味的な説明で扱えることを論じていく。

3.4-1　結果構文

　*olmak*複合語の具体的分析にはいる前に、まずトルコ語において動詞の分類と
して非対格と非能格の区別を認める意味があるのかどうかについてみなければ
ならない。非対格性の証明のために用いられるテストとして、今までみてきたも
のの他に結果構文を用いるものがある（Tsujimura1990）。

(28) a. 花子は髪を（長く）伸ばした。　　　　=20
　　 b. 花子の髪が（長く）伸びた。
(29) a. 太郎はパンを（真っ黒に）焦がした。　=21
　　 b. パンが（真っ黒に）焦げた。
(30) a. ソビエト軍は船を（水中深く）沈めた。　=22
　　 b. 船が（水中深く）沈んだ。

Tsujimura (1989,1990) は英語の結果構文のテストを日本語に応用し、その非対格
性を証明している。結果の属性を表す語のコントローラーは深層のレベルであ
るにせよ表層のレベルであるにせよ目的語でなくてはならないという統語的な
一般化に日本語も当てはまるというのである。(28a-30a) においては結果の属性
を表す語は目的語である「髪を」「パンを」「船を」になり、(28b-30b) においては
「髪が」「パンが」「船が」になり、後者はガ格名詞であることから表層的には主語
であるが深層的には目的語であると考えられる。つまり「伸びる」「焦げる」「沈
む」に非対格の昇格が関与していることを間接的に証明している。これは次の例
のように非能格述語には結果構文が適用できないことからもわかる（Tsujimura
1989）。

(31) a. *ジョンがくたくたに散歩した。（散歩した結果、疲れた意味で）　　=23
　　 b. *メリーが悲しく微笑した。（笑った結果、悲しくなった意味で）

この結果構文による非対格性のテストをトルコ語に適用すると、次のように一見トルコ語にも非対格の昇格が存在するかのような例がみられる。

(32) a. Silahlı kuvetler gemiyi derin-e batırdı.

　　　　　　　　深い - 与格

　　「軍隊は船を深く沈めた。」

　　b. Gemi derin-e battı

　　「船は深く沈んだ。」

(32b) で結果の属性を示す語のコントローラーは主語である "*Gemi*" となる。結果構文の一般化より深層では目的語の関係を持つといえよう。非能格述語に結果構文を適用したものは次のように不適格である。

(33) a. *Ali yorgun/bitkin yürüdü.

　　「アリは疲れ歩いた。」（歩いた結果、疲れた意味で）

　　b. *Ali üzgün güldü.

　　「アリは悲しく笑った。」（笑った結果、悲しくなった意味で）[5]

これらの主語は非能格であるがゆえに目的語の関係を持つことができないため結果の属性を示す語のコントローラーになりえない。

3.4-2　動詞の意味的分類

　ここで問題になるのは非対格述語としての分類についてである。近年、非対格のミスマッチという現象が問題になってきた (Rosen 1984, Levin and Rappaport 1989)。例えば Rosen (1984) が示したのは、同じ意味を表す動詞でも言語によって非対格になったり非能格になったりすることである。Levin and Rappaport (1989) は述語の意味が非対格性に関与するとして次のようなスキーマを提示している（記述を元に筆者が図を作成）。

(34)　自動詞───＋方向性　　　　　　　　　　　　　非対格　eg. arrive
　　　　　　　　－方向性────－意志的コントロール　非対格　eg. roll
　　　　　　　　　　　　　＋意志的コントロール　非能格　eg. roll

51

また Van Valin (1990) は「役割と指示の文法」という抽象的な多層構造を認めない立場から非対格の現象を扱うため、述語の意味に注目した分析を提示している。

(35) a. State The book is heavy.　　　　**be**'(book, [**heavy**'])
　　　　　　　The lump is on the table　**be-on**'(table, lamp)
　　　b. Achievement
　　　　　　　The watch broke　　　　BECOME **broken**'(watch)
　　　　　　　Susan arrived at the house. BECOME **be-at**'(house, Susan)
　　　c. Activities
　　　　　　　The children shouted.　**shout**'(children)
　　　　　　　The wheel squearks.　　**squeak**'(wheel)
　　　　　　　Susan ran.　　　　　　**run**'(Susan)
　　　d. Accomplishment
　　　　　　　Susan ran to the house.
　　　　　　　［**run**'(Susan)］CAUSE［BECOME **be-at**'(house, Susan)］
　　　　　　　The child broke the watch.
　　　　　　　［**do**'(child)］CAUSE［BECOME **broken**'(watch)］

Van Valin は上例の a から d のように動詞を4つのクラスに分けた（これは Zeno Vendler の "Verbs and Times" (1967) による動詞の分析に基づくようだが筆者は未見）。(35a-d) の例文の下に示したものは次に示す論理構造をそれぞれ表している。

(36) 動詞のクラス　　　　　　　　　　論理構造
　　状態（STATE）　　　　　　　　　述語'(x) あるいは (x,y)
　　到達（ACHIEVEMENT）　　　　　BECOME 述語'(x) あるいは (x,y)
　　動作（ACTIVITY (＋行為者的)）　(DO (x)［述語'(x) あるいは (x,y)］)
　　達成（ACCOMPLISHMENT）　　　Φ CAUSE φ, ただしΦは通常、
　　　　　　　　　　　　　　　　　　動作述語で、φは**到達述語**

簡単に例文と論理構造の意味するところをみていくと、*The watch is broken* では述部が *broken* で *watch* がその項であることを示している。到達動詞における *The watch broke* は *watch* が壊れた状態になる（BECOME）ことを示している。動作動詞では状態の論理構造に DO が加わったもので状態ではなく何らかの動作が意図的、偶発的にかかわらず加わることを表している。達成動詞は CAUSE の補部に到達動詞の論理構造が埋め込まれている。そして CAUSE の主体になるものは動作述語である。例に即して述べると *Susan* が走ることによって *Susan* の位置が「家」のある位置に変化することを示している。つまりこの４つの論理構造は状態である状態の論理構造が元になって BECOME や DO や CAUSE によって組み合わされた結果、到達、動作、達成が導き出されると考えられる。Van Valin は例えばイタリア語における非対格性に関する助動詞の選択においては従来論じられてきたような主題関係によるものではなく、動詞のアスペクト的特性による分類が関与するということでうまく説明できることを論じた。例えば助動詞の選択において非能格的に振る舞う動詞は動作動詞に属するもので、そこでは行為者的かどうかは関与せず、非対格的に振る舞うのは、それ以外の状態動詞、到達動詞、達成動詞に属する動詞であるという。

3.4-3　結果構文再考

　ここでトルコ語の結果構文を再び考えてみる。Perlmutter (1978) による規定に基づく非対格動詞と非能格動詞の分類（第二節参照）、つまり意志的な行為によるものを非能格とする分析をとると次の例は問題になる。[6]

(37) a. Ali park-a kadar yürüdü.
　　　　　　与格　まで
　　　「アリは公園まで歩いた。」
　　b. Ali park-a kadar kostu.
　　　「アリは公園まで走った。」

ここで「歩く」や「走る」という動詞自体は Perlmutter (1978) による分類では非能格に分類されるが結果構文に生起することができる。「歩いた」あるいは「走った」結果、行為者の位置が公園に変化したという意味で結果構文と捉えることができる。したがって Perlmutter (1978) の分類による非対格か非能格かということと結果構文の生起は相関しない場合もあるといえそうだ。

(32) a. Silahlı kuvetler gemiyi derin-e batırdı.

　　　　　　　　　　　　深い－与格

　　「軍隊は船を深く沈めた。」

　　b. Gemi. derin-e. battı.

　　　「船は深く沈んだ。」

(32a) と (32b) の対応より一見トルコ語にも非対格の昇格が認められるようにみえたが、(32b) の述語は VanValin (1990) の分類によると達成動詞のタイプになる。したがってイタリア語の非対格構文にみられた動詞分類に当てはめると、自動詞の主語が他動詞の目的語と同じ形態統語的な扱いを受けるクラスつまり非対格形に相当することになる。Levin and Rappaport (1989) にみられる動詞分類においてもこれらの動詞は方向性を持つ自動詞ということで非対格型であると考えられる。

　　また (32) では a 文と b 文を関係づけているがこのような派生関係を認めるには問題がある。(32b) の自動詞語幹 *bat-* に使役の派生接辞 *-ır* が付加することで (32a) の他動詞 *batır-* が派生される。非対格の昇格が仮定される際の構文間の派生の方向としては a 文から b 文への派生が考えられるが、形態的な派生はまったく逆になってしまう。

　　Baker (1985) が述べた形態的な派生と統語的な派生が 1 対 1 に対応しなければならないという Mirror Principle に従うならば、これは奇妙なことである。また (37a,b) が非対格構文だと仮定しても対応する適格な始発構造が得られない。

(38) a. Ben Ali'yi parka kadar yürü-t-tüm

　　　　　　　　　　　　使役

　　「私はアリを公園まで歩かせた。」

　　b. Ben Ali'yi parka kadar koş-tur-dum

　　　　　　　　　　　　使役

　　「私はアリを公園まで走らせた。」

自動詞 *git-* や *koş-* に対応する他動詞はなく使役形にしなければ目的語がとれない。また派生の方向についても (32) と同様の問題が生じる。つまり形態的な派生は (37a) から (38a)、(37b) から (38b) になるのだが非対格の昇格を仮定する

と統語的な派生は逆になってしまう。また非能格述語が結果構文に共起しないことは意味的に説明できる。Van Valinによると結果構文に生起できるのは達成タイプあるいは到達タイプの述語である。(32b)は到達動詞クラスで、(37)は達成動詞クラスなのに対して以下の文は動作動詞クラスである。したがって内在的にアテリック (atelic) であるから結果構文とは共起しないのである。

(33) a. *Ali yorgun/bitkin yürüdü.

「アリは疲れ歩いた。」(歩いた結果、疲れた意味で)

b. *Ali üzgün güldü.

「アリは悲しく笑った。」(笑った結果、悲しくなった意味で)

このように (32b) と (33) の対比は意味的な観点からも説明可能であり、(32) や (38) でみたように派生の方向性という観点からも問題があることから、あえて統語的な多層分析をとる必然性はなさそうである。さてここで補助動詞 *olmak* について動詞の分類を当てはめてみると、結果を示す句の叙述の対象になる項は常に受け手 (undergoer) になるため到達動詞クラスに該当することになる。これは対象がある状態から別の状態に推移することであり Levin and Rappaport (1989)、Pustejovsky (1991)、影山 (1993) などにみられる語彙概念構造による分析でも非対格に分類されている。

3.5　数量詞の解釈

　影山 (1993) では「たくさん」という副詞を使って日本語の統語的な非対格性を論じている。

(39) a. 他動詞

たくさん飲んだ＝飲んだ量がたくさん≠飲んだひとがたくさん

たくさん読んだ＝読んだ量がたくさん≠読んだひとがたくさん

たくさん産んだ＝産れた子供がたくさん≠親がたくさん

b. 非対格自動詞

たくさん産まれた＝産まれた子供がたくさん

たくさん亡くなった＝死んだひとがたくさん

たくさん壊れた＝壊れたものがたくさん

　　c. 非能格自動詞

　　　たくさん遊んだ＝遊んだ量がたくさん≠遊んだひとがたくさん

　　　たくさん歩いた＝歩いた量がたくさん≠歩いたひとがたくさん

　　　たくさん苦しんだ＝苦しみがたくさん≠苦しんだひとがたくさん　　　=21

上例で他動詞は目的語の数量を表している。非対格の仮説に従うと非対格自動詞の主語は他動詞の目的語に相当するので関与する事物の数を表している。しかし目的語との結び付きがない非能格自動詞では「たくさん」は関与する事物の数を表さず、行為の量を表している。トルコ語では Miyagawa (1989) で用いられたような数量詞移動が不可能なので、この副詞のテストを適用する。

(40) a. 他動詞

　　　çok içti. たくさん飲んだ＝飲んだ酒がたくさん≠飲んだひとがたくさん

　　　çok okudu. たくさん読んだ＝読んだ本がたくさん≠読んだひとがたくさん

　　b. 非対格自動詞

　　　çok geldi. たくさん来た＝来た回数がたくさん＞来たひとがたくさん

　　　çok doğdu. たくさん産まれた＝産まれた回数がたくさん＞産まれたひとがたくさん[7]

　　c. 非能格自動詞

　　　çok yürüdü. たくさん歩いた＝歩いた量がたくさん≠歩いたひとがたくさん

　　　çok oynadı. たくさん遊んだ＝遊んだ量がたくさん≠遊んだひとがたくさん

以上の例からわかるようにトルコ語では副詞 *çok* は他動詞の場合は関与する動詞の事物と結び付くが非対格自動詞および非能格自動詞では関与する事物の数を表さず、行為の量を表すのみである。これはトルコ語では他動詞の目的語と非対格自動詞の主語を結び付ける理由がなく、むしろ非対格自動詞と非能格自動詞は同じように振る舞うことを示している。

3.6　使役文の格表示

　トルコ語では自動詞文を使役化するとその主語は (41a,b) のように対格表示さ

れる。また他動詞文を使役化するとその主語は (41c) のように与格表示される。

(41) a. Ali dans etti.　　非能格自動詞
　　　「アリはダンスした。」
　　　Yilmaz Ali'-yi birisiyle dans et-tir-di.
　　　　　　　　対格
　　　「ユルマズはアリにあるひととダンスをさせた。」
　　b. Gemi battı.　　非対格自動詞
　　　「船が沈んだ。」
　　　Silahlı kuvvetler gemi-yi bat-ır-dı.
　　　　　　　　　　　対格
　　　「軍隊が船を沈めた。」
　　c. Ali kitab-ı okudu.　他動詞
　　　「アリが本を読んだ。」
　　　Yilmaz Ali'-ye kitab-ı oku-t-tu.
　　　　　　　　与格
　　　「ユルマズはアリに本を読ませた。」

　これらの例が示すことは使役化における被動作者もしくは被動作物の形態的表示は自動詞文（非能格自動詞と非対格自動詞）対他動詞文という対立であることである。いずれの文においても主語に対して使役化がなされている点で他の文法関係が関与しているとは考えられない。また意味役割という点からみても (41a) と (41c) では同じく行為者という意味役割を持っているのに異なった格表示を受けているので格表示の違いに意味役割が関与しているとも考えにくい。使役をかけた自動詞の主語と他動詞の目的語は同様に対格表示されるので自動詞主語と他動詞目的語が同様に扱われるという意味で統語的な能格性（Ergativity）がみられるといえる。ここにおいても自動詞で非対格と非能格に区別を設けるべき積極的理由は見受けられない。
　　以上、本節ではトルコ語の自動詞の分類において結果構文からみられる証拠は非対格性を支持する本質的な証拠になりえないこと、数量詞の解釈および使役文における格表示という観点から非対格と非能格を分類する根拠はないことを示した。

3.7 olmak に対する単層分析

本節では今までÖzkaragözが認めてきたような複層分析を認める必要はないことをolmak複合語に関わる例をみながら示していきたい。まずolmak複合語に対してÖzkaragözが示したような非対格分析をする必然性はなく意味的な観点からも捉えられ得ることを述べる。

3.7-1 olmakの使役化

第二節では関係文法的な観点から非対格の昇格が仮定されることをみた。(15a) は (16) の原則から説明できるとする。

(15) a. *Hasan-ı nakavt ol-dur-dum.　　=81a

　　b. Hasan-ı　nakavt et-tir-dim.　　　=81b

　　「私はハサンを (誰かに) ノックアウトさせた。」

(16) が正しいと仮定すると (15a) の非文法性は非対格の昇格を間接的に支持していることになる。

　(16) トルコ語の使役文の補文では名詞aは同じ末尾を持つような主語と目的語の弧の主要部とはなれない。

　しかし (15a) の非文法性は別の観点から説明することも可能である。Aronoff (1976) は本来存在すべきある語彙が同じ意味を担う他の語彙の存在によってその存在が妨げられることを阻止 (blocking) という概念で説明している。この考え方は態の現象にも拡張することができる。

(42) 自動詞　　他動詞　使役動詞

　　沸く　　　沸かす　＊沸かせる

　　乾く　　　乾かす　＊乾かせる

　　割れる　　割る　　＊割れさせる

上例の使役動詞は対応する他動詞の存在により阻止される (宮川1989)。次にトルコ語についてみてみると補助動詞のet-/ol- の対立が認められる。

(43) a. nakavt ol- 「ノックアウトされる」
    b. nakavt et- 「ノックアウトする」

この対立は自動詞化と他動詞化の違いのようにみえるが、両者には派生関係がある。それぞれの語彙概念構造を表すと次のようになる。

(44) a. Hasan nakavt oldu. 「ハサンはノックアウトされた。」
        到達動詞：BECOME nock out'（ハサン）
    b. Birisi Hasan'ı nakavt etti. 「誰かがハサンをノックアウトした。」
        達成動詞：[do'（誰か）] CAUSE [BECOME nock out'（ハサン）]

(44a) の語彙概念構造は到達の事態で「ハサン」が立っている状態からノックアウトされた状態に変化することを示している。(44b) は達成動詞の事態で、(44a) の事態を引き起こす主体として「誰か」が介在する。重要なことは (44a) の語彙概念構造の到達動詞の事態に基づいて (44b) の達成動詞の事態が成立している点である。つまり *olmak* + CAUSE = *ol-dur-* =*et-* という派生関係が成立していることになる。語彙分解により *ol-dur-* = *et* の関係が得られた訳だが、ここで前述した阻止の概念が適用されることになる。つまり *et-* という他動詞の存在により *ol-* の使役化は阻止されるのである。

 また別の観点から Özkaragöz の例文の非文法性を指摘することができる。(15a) の意図された読みはそもそも不可能なのである。〔 〕派生を考えてみよう。

(45) a.   Hasan nakavt ol-
    b.   *birisi Hasan nakavt ol-
    c. Ben birisine Hasan nakavt ol-dur-
    d. Ben (birisine) Hasan nakavt ol-dur-
       私 誰かに ハサン ノックアウト なる－させる

ここで Baker (1985) が述べた形態的な派生と統語的な派生が 1 対 1 に対応しなければならないという Mirror Principle に従うならば、そもそも (45b) が非文法的なので Özkaragöz の意図する読みになるはずがないのである。

3.7-2　行為者句の不在

　Özkaragöz は (17) において最終失業者になるべき始発の主語がないために行為者句をとる *olmak* は不可能だという。

(17) a. Ayşe (doktor tarafından) ameliyat ed-il-di.　=85a
　　　　「アイシェは医者に手術された。」
　　 b. ?/*Ayşe doktor tarafından ameliyat oldu.　　=85c

　しかしながら、ここで明らかになることは目的語から主語への昇格あるいは主語の降格において受身と非対格動詞では差がみられるということであって、非対格における昇格を積極的に支持しているとは見受けられない。つまり始発階層の段階から *Ayşe* が非能格動詞の様に主語の関係を持っているとし、行為者 *doktor* も同時に主語の関係を持つものと仮定する。そうすると同一階層中に2つの文法関係を持つ項が存在することになり、ある特定の階層における特定の項は1つの文法関係しか持てないという「階層の唯一性の法則（Stratal Uniqueness Law）」に反するものとして (17b) は処理できる。あるいは *Ayşe* は始発階層で目的語の関係しか持たないと仮定し、同時に始発階層に *doktor* が主語の関係を持っていると認めて、それが最終階層で失業者になると仮定することもできる。そうすると「動機づけのある失業の法則（Motivated Chômege Law）」つまり主語の降格は何か他の名詞句が主語の地位に昇格されない限り不可能であるという法則の違反として説明することも可能である。以上、みたように (17b) の非適格性の説明にはいろいろな可能性が考えられる。

　ここでまずトルコ語の自動詞文と行為者句の関係について概観してみる。Engin (1991) は派生して形成される自動詞について非対格のもの（派生非対格自動詞）と非能格のもの（派生非能格自動詞）をあげている。例えば次の (46a) は受身の意味と自動詞の意味とに曖昧であり受身の意味の場合は行為者が含意され、自動詞の意味の場合は原因 (cause) が含意されるという（派生非対格自動詞）。また Babby (1981) は (46) で表面的にはa文だがc文のような読みが出るものを「行為者を明示しない受身」(Agentless Passive) と呼び、b文のような行為者が関与しない読みの出るものを「派生自動詞」と呼び区別している。両者には行為者あるいは原因が随意的な副詞的要素として表層に出現する点に共通点がある。

（46）a. Kapı açıldı.　　　　　　　　=69b

　　　「ドアが開けられた。」

　　b. Kapı（rüzgârdan）açıldı.　　=70a

　　　「ドアが風によって開けられた。」

　　c. Kapı（birisi tarafından）açıldı.　=70b

　　　「ドアが誰かに開けられた。」

Enginの分析によると（46b）の奪格を伴う句は原因を表し、（46c）の奪格を伴う句は行為者を表す。そして原因が含意される非対格自動詞の主題関係構造［風［ドア開く］］において「開く」の外項である「風」は受身接辞が付くことによって抑制されるような派生を考えている。しかし、この分析では行為者の読みが全く消えてしまうことになり、後でみるようにトルコ語の受身文では潜在的動作主が存在することを考慮すると問題がある。また派生非能格とは次のような自動詞を示す。

（47）a. Ali adamın üstüne at-ıl-dı.　　=73a

　　　「アリは男の上に飛びかかった。」

　　b. Ayşe çek-il-di.　　　　　　=73b

　　　「アイシェは身を引いた。」

-il/-ıl は受身の接辞と形態的に同一であるが、ここでは自動詞の派生接辞と考えられている。Enginは（46b）でみたような主題関係構造は考えず（47a,b）には再帰的な意味があることから（47b）を例にとると他動詞形［アイシェ［自分の身引く］］を基底にしてその内項（themeである「自分の身」）が消去されるような派生を考えている。(47)のトルコ語で表層には「自分の身」に相当する目的語が現われない点に注意してほしい。また実際にここで例にあげた *atıl-* や *çekil-* はそのままの形で辞書にも登録されていることからも語彙化がかなり進んでいると考えられ統語的な分析をしない理由があると思われる。

　olmak 複合語はなぜ行為者句をとらないかという問題に立ち戻って考える。(46)でみたように非対格自動詞は目的語から主語への昇格がある以上、何らかの行為者が結び付かねばならない。行為者句を省いた（48a）および、行為者句を省かない（48b）を検討してみる。

(48) a. Kedi ameliyat oldu.

　　　「猫は手術をした。」

　　b. *Kedi doktor tarafından ameliyat oldu.

　　　「猫は医者に手術された。」

(48a)では当然、あるレベルにおいては手術をする行為者というものが含意され、おそらくそれは獣医などといった人間であり原因ではない。また猫が自分自身を手術したという再帰的な意味もない。含意された行為者を表層に表すと (48b) のように不適格になってしまう。しかしこの含意された行為者はいわゆる潜在的動作主 (Implicit Argument; Jeaggli 1986) とは異なるようである。一般的に潜在的動作主は動作主指向の副詞と共起可能であるし、目的節のPROをコントロールできる。例えば英語の受身文では動作主が顕在してなくてもあるレベルでは存在することを、動作主指向の副詞との共起や目的節をコントロールできるかというテストにより認めることができる。これはトルコ語でも同様に成り立つ。

(49) a. the boat was sunk voluntarily.

　　b. the boat was sunk [PRO to collect the insurance]．　Chomsky (1986)

これは (50c,d) にみられるようにトルコ語の受動文でも同様に成り立つ。*olmak* 複合語に同様のテストを行ってみると、(50a,b) からわかるように動作主指向の副詞と共起しないし目的節のPROをコントロールすることもない。ここで副詞やPROのコントローラーは主語である「猫」ではなく含意された行為者にかかるものとする。

(50) a. *Kedi isteyerek ameliyat oldu.

　　　「猫は望んで手術された。」

　　b. *Kedi [PRO hastalandığını ispat etmek için] ameliyat oldu.

　　　「猫は病気になったのを証明するために手術された。」

　　c. Kapı kasıtlı olarak açıldı.

　　　「戸がわざと開けられた。」

　　d. Kapı [PRO girmek için] açıldı.

　　　「戸が入るために開けられた。」

したがって (48) で行為者が含意されるのは手術からの語用論的推論 (中右 1994: 394) によってなされるのであり、述語のとる主題関係から導き出されるものではないといえる。(17a) と (17b) の対比がみられることは*etmek*の方は斜格で現われる行為者句に意味役割を付与できるのに対して*olmak*の方は斜格で現われる行為者句に行為者の意味役割を付与できないのである。つまり*olmak*複合語を含む文には統語的な行為者が存在しない。両者の間には主題関係構造の違いがあることを示している。

3.7-3　二重受身

　もし受身という文法的操作が普遍的に目的語から主語への昇格であると考える立場をとり、かつ非対格の昇格を認めるならば、*olmak*複合語を受身化をしたものは同一節中の2回の昇格を禁じる 1-AEX に抵触するため非文を予測する。しかし*olmak*複合語に受身化を適用したものはごく一般的にみられる。

(51) bu ilaçla iyi ol-un-maz.
　　　「この薬ではよくならない。」
(52) yerlilerle çabuk arkadaş ol-un-ur.
　　　「地元の人達とはすぐに友達になれる。」　　Lewis (1967)

これらは時制がアオリストで動作主は特定のひとではなく人々一般を指すことから非人称受身であると考えられるかもしれない (Lewis 1967)。そうすると Biktimir (1986) のように非人称受身を通常の受身と区別することで問題を解決できるとするかもしれない。しかし以下で述べるように、これを非人称受身として単純にみなすには少し問題がある。Özkaragöz (1986a) では二重受身の条件として次のものをあげている。

(53) i) 意味解釈についていうと始発の主語と始発の目的語は不特定あるいは総称の PRO でなくてはならない。
　　 ii) 時制はアオリストでなくてはならない。
　　 iii) 2つの受身形態素は他動詞の動詞語幹に現われなければならない。

この基準からすると、上の2例はi) とii) の条件は満たしているがiii) の条件に

63

合わないので二重受身の一変種とみなすことはできない。さらに次の例が示すように、*olmak* 複合語を受身化したものはアオリストに限られるわけではなく、完了形や進行形とも共起する。

(54) ...Orman korma müfrezeleri sevk ol-un-muş-tur.　Wittek (1978)

　　　　　　　　　　　　　　　　受身－完了

　　「森林保安部隊が派遣されました。」
(55) tenkit ol-un-uyor.　Lewis (1967)

　　　　　　受身－進行

　　「批判されている。」

つまりこれらの受身接辞はかなりの程度に人称受身的な性質を持つのである。したがって 1-AEX を維持する限り非対格の昇格は認め難い。

3.7-4　意志性

　影山 (1993) による動詞の語彙概念構造の分析によると先にみた VanValin によるものと異なり、ある出来事を自らがコントロールできるかどうかという点に非対格と非能格の区別を求めている。

(56) 状態

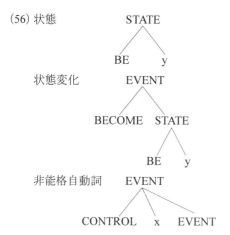

上例の語彙概念構造の表示において非能格動詞と非対格動詞（状態および状態

64

変化) の違いは CONTROL という概念があるかないかである。状態変化における
BECOME は自然の力によって発生するもので、コントロールつまり意志性は関
与しないものと捉えられている。先にみた Levin and Rappaport (1989) でも意志
性が非対格と非能格を決める要因となる。

(34) 自動詞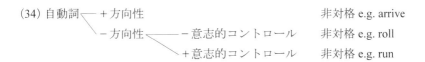
　　　　　　　＋方向性　　　　　　　　　　　　　　　　　　　非対格 e.g. arrive
　　　　　　　－方向性 ── － 意志的コントロール　　　　非対格 e.g. roll
　　　　　　　　　　　　　 ＋意志的コントロール　　　　非対格 e.g. run

ここで方向性を持つ自動詞は意志性と無関係に非対格性が決まるようにみえる
が Tsujimura (1991) は日本語では方向を示す特定の後置詞の出現により、文中
の主語は主題性の意味役割と結び付き、結果的に行為者の意味役割つまり意志
性と結び付かなくなる場合もあるとする。しかし語彙概念構造のレベルでは行
為者性 (Agentivity) は存在すると Note 11 で述べている。これに対して VanValin
(1990) や Pustejovsky (1991) は行為者性は行為者の有生性と語彙特性からの推論
によって決まるのであり論理構造に反映させる必要はないとの立場をとる。こ
れは文脈的な要因によって CONTROL のあるなし (非対格性) が決定し語彙概念
構造にも反映させるべきだとする金水 (1994) の立場とも異なる。しかし非対格
性にどのような要因が関与するかはパラメータ化されており、カフカース諸語
のバツ語 (Tsova-Tush) では行為者性が関与するという報告がある (Holisky 1987,
VanValin 1990)。また少なくとも日本語文法においては意志性が関与する現象が
あるのでここでは影山 (1993)、金水 (1994) の枠組みに従いながらトルコ語と
の差をみることにする。大切なのは当該言語における非対格性はどのような要
素が関与的であるのかを見極めることにある。ある動詞が意志性を持つかどう
かをみるテストとして命令形になるか、あるいは可能形になるかという点で判
断がつくことが知られている (Dubinsky 1985, Jacobsen 1992 参照)。トルコ語の
olmak 複合語は以下の a 文のように命令文にすることができる。

(57) a. Çabuk ol!,　　Çabuk ol!,　　tez ol!,　　Güzel ol!,　　Öğretmen ol!
　　　　「急いで！」「急いで！」「早く！」「綺麗になれ！」「教師になれ！」
　　　b. *Tifo ol!,　　　　?Mahvol!
　　　　「チフスになれ！」「駄目になれ！」

(58) Mahvol-a! 願望形　勝田（1986）　　Mahvol-sun! 願望形　竹内（1988）
　　　「駄目になりますように！」

(57b) が非文であるのは *olmak* 複合語の中でもさまざまな段階があることを表している。前項要素と結合することにより複合語全体の意志性が決定されるのであって、*olmak* 単独の形と意志性が結び付くのではない。(57a) の文法性は影山（1993）の枠組みに従うと *olmak* 複合語が非能格自動詞に分類されることを意味する。
　　次に可能形に *olmak* 複合語が生起できるかどうかをみてみる。トルコ語では動詞語幹に *-ebil/-abil* を接続することによって可能形を形成することができる。

(59) a. Çabuk olabildim.
　　　「私は急ぐことができた。」
　　　Öğretmen olabildim.
　　　「私は教師になることができた。」
　　　Güzel olabildim.
　　　「私は綺麗になることができた。」
　　b. *Tifo olabildim.
　　　「私はチフスになることができた。」

ここで興味深いのは (57b) や (59b) では命令形、意志形や可能形を作ることが不可能な点である。「チフスになる」や「病気になる」など通常、自分の意志でどうにもならないものは本来、命令形や可能形を作ることができないのであって、*olmak* 補助動詞の有無とは無関係であることがわかる。(58) のように願望を表す語尾をとると聞き手の意志は関与しなくなるため適格になる。
　　トルコ語では動詞語幹に *-e/a* を接続することによって1人称単数形では話者の意志または願望を表すことができる（勝田 1986）。意志を表すか願望を表すかは話者が行為の実現をどのように認めるかに関わる。*olmak* 複合語は以下のa文のように意志形にすることができる。

(60) a. Çabuk olayım.
　　　「私は急ごう。」

Öğretmen olayım.

「私は教師になろう。」

Güzel olayım.

「私は綺麗になろう。」

b. *Tifo olayım.

「私はチフスになろう。」

*Mahvolayim.

「私は駄目になろう。」

以上、ここでは *olmak* 複合語が必ずしも意志性と結び付くわけではないことをみた。これは *olmak* 複合語が非対格性と結び付く考えを見直す必要があることを示す。

3.8 まとめ

　本論では *olmak* 複合語を中心として従来、統語的な非対格性を示すといわれてきた現象は意味的な観点からすべて説明がつき、分析において多層的なレベルを認める必要のないことを論じた。つまり非対格構文の唯一項が元々目的語の関係を保持しているという考えは疑問の余地がある。トルコ語において統語的な非対格性を認める必要がないというのがここでの結論である。それでは意味的な分類からすると *olmak* 複合語はどういう位置にあるのであろうか。*olmak* 複合語には他の言語で論じられてきた非対格動詞との意味的な共通性をもちろん保持している。例えば状態や状態変化という特徴は非対格動詞の一般特徴としてあげられるものである。*olmak* が出現する環境が他の言語で非対格といわれる現象と重なるのは事実である。しかし全く同一ではないことを本論では論じてきた。借用語と補助動詞から形成される述語で *olmak* と *etmek* が相補分布するならばそれぞれの担う領域はどう決定されているのであろうか。このためには *etmek* 複合語に対する考察が不可欠なのはいうまでもないが、次のような可能性が考えられる。

(61) 動詞のクラス

　　状態（STATE）　　　　　Ali politikacı oluyor. 「アリは政治家である。」

　　到達（ACHIEVEMENT）Ali öğretmen oldu. 「アリは教師になった。」

　　　動作（ACTIVITY）　　　　　　Ali dans ediyor.「アリはダンスをしている。」
　　　達成（ACCOMPLISHMENT）Ali Mine'yi ziyaret etti.「アリはミネを訪問した。」

VanValin (1990) の動詞分類に基づくと *olmak* と *etmek* の出現の差は状態動詞と到達動詞のクラス vs. 動作動詞と達成動詞のクラスの対立にあるようである。これは状態動詞、到達動詞、達成動詞 vs. 動作動詞の対立であるイタリア語とも異なるし、動作動詞の意志性の有無に対立がある日本語やバツ語とも異なる。これらを表に示すと以下のようになる。

(62)	非対格性	非能格性
イタリア語タイプ	状態動詞，到達動詞，達成動詞　vs.　動作動詞	
日本語タイプ	状態動詞，到達動詞，達成動詞　vs.　動作動詞（＋意志性）	
	動作動詞（－意志性）	
トルコ語タイプ	状態動詞，到達動詞.　　　　　vs.　達成動詞，動作動詞	

意味的な非対格性にどのような要素が関与するかはパラメータ化されているが、本論ではトルコ語における非対格性の現れの 1 つである *olmak* 複合語の生起から、この言語において非対格性に関与する要素を明らかにした。また *olmak* 複合語は *etmek* 複合語の受身形であるという伝統的な見方（Lewis1967）があったが、受身との共通点は主語に被益者あるいは被益物の意味役割を付与することがあることのみで、行為者をとれないという決定的な違いがあることも論じた。これは *olmak* 複合語の語形成を考える上で重要な意味を持つ。

＊ 本論を執筆するにあたり母語話者として本学留学生Ragıp İspir 氏（男性、1970 年トルコ共和国 Kaharamanmaraş 県 Elbistan 生まれ 1988 年まで在住、1988 年より 1993 年まで Ankara 在住、1993 年より現在（1994 年）まで岡山市在住）にご協力いただいた。感謝いたします。引用例文以外の例文の文法性は氏の判断によるものです。

注

1) 本論で用いる関係文法の用語および定義はBlake (1990) に基づく。

2) 条件および例文の引用はその後に原文の番号を付けることにする。

3) Özkaragözは非対格性を示す証拠として二重使役からの議論を展開している。基本的には二重使役構文では一番深く埋め込まれている節の動詞が非対格か非能格で文法性において対比がみられるということである（第二節も参照）。

    i) Sema Turhan'a kızı kay-dır-t-tı. 非対格の二重使役　　　　=103a
    「セマはトゥルハンに女の子を滑らせた。」

    ii) *Ben Turhan'a Sema'yı kay-dır-t-tım. 非能格の二重使役　　=104a
    「私はトゥルハンにセマがスキーをするようにさせた。」

4) Özkaragöz (1986b) も (8) の類例である次の文は文法的であるとする。
Burada düşülür. 「ここではこける。」　=6b
また (9) と全く同じ文を文法的だとみなしている (cf. (6f))。

5) 「a. 疲れたように歩いた。」「b. 悲しそうに笑った。」のように助詞を修飾するような解釈は可能である。

6) しかしPerlmutter (1978) が非対格としてあげている生理現象 (cough, sneeze, hiccough etc.) は非意図的と捉えることもできる。

7) 「来たひとがたくさん」、「産まれた子供の回数がたくさん」の読みもないとは言い切れないとの判断を得た。

参考文献

Aronoff, Mark (1976) *Word Forniation in Generative Grammar.* MIT Press.

Babby, Leonard H. (1981) "A Compositional Analysis of Voice in Turkish: Passive, Derived Intransitive, Impersonal, and Causative", *Cornell University Working Papers in Linguistics,* Number 2: 1-31.

Baker, Mark (1985) "The Mirror Principle and Morphosyntactic Explanation", *Linguistic Inquiry 16:* 373-416.

Baker, Mark (1988) *Incorporation: A Theory of Grammatical Function Changing.* University of Chicago Press.

Biktimir, Tuvana (1986) "Impersonal Passives and the ArAk Construction in Turkish" In: Slobin, D and Zimmer, K (eds.) *Studies in Turkish Linguistics,* 53-75, John Benjamins Publishing Company.

Blake, Barry J. (1990) *Relational Grammar,* Routledge.

Burzio, Luigi (1986) *Italian Syntax,* D. Reidel.

Chomsky, Noam (1986) *Knowledge of Language: Its Nature, Origin, and Use,* Praeger.

Dubinsky, Stanley W. (1985) *Japaneses Union Constructions: A Unified Analysis of -SASE and -RARE,* Ph.D. dissertation, Cornell University.

Engin, Sezer (1991) *Issues in Turkish Syntax,* Ph.D. dissertation, Harvard University.

Holisky, Dee, Ann (1987) "The case of the Intransitive Subject in Tsova‐Tush (Batsbi) ". *Lingua* 71: 103-132.

Jacobsen, Wesley M. (1992) *The Transitive Structure of Events in Japanese.* Kurosio Publishers.

影山太郎 (1993)『文法と語形成』ひつじ書房

勝田茂 (1986)『トルコ語文法読本』大学書林

金水敏 (1994)「連体修飾の「タ」について」田窪行則（編）『日本語の名詞修飾表現』29-65 くろ しお出版

Knecht, Laura (1985) *Subject and Object in Tukrish,* Ph.D dissertation, MIT.

Levin, Beth and Rappaport, Malka (1989) "An Approach to Unaccusative Mismatches", *NELS* 19:314-329.

Lewis, Geoffrey L (1967) *Turkish Grammar,* Oxford University Press.

Miyagawa, Shigeru (1989) *Structure and Case Marking in Japanese (Syntax and Semantics 22),* Academic Press.

宮川繁 (1989)「使役形と語彙部門」久野・柴谷（編）『日本語学の新展開』187-211. くろしお出版

中右実 (1994)『認知意味論の原理』大修館書店

Özkaragöz, İnci (1980) "Evidence from Turkish for the Unaccusative Hypothesis", *BLS 6:* 411-422.

Özkaragöz, İnci (1986a) "Monoclausal Double Passives in Turkish", In: Slobin, D and Zimmer, K (eds.) *Studies in Turkish Linguistics,* 77-92, John Benjamins Publishing Company.

Özkaragöz, İnci (1986b) *The Relational Structure of Turkish Syntax,* Ph.D. dissertation, University of California, San Diego.

Perlmutter, David M (1978) "Impersonal Passives and the Unaccusative Hypothesis", *BLS 4 :* 157-189.

Pustejovsky, James (1991) "The Syntax of Even Structure" In: Levin B.and Pinker S. (eds.) *Lexical and Conceptual Semantics,* 47-81, Blackwell.

Rosen, Carol (1984) "The Interface between Semantic Roles and Initial Grammatical Relations", In: D. Perlmutter and C. Rosen (eds.) *Studies in Relational Grammar 2,* 38-77, University of Chicago Press.

竹内和夫 (1988)「第三人称について」『言語研究 94 号』25-49.

Tsujimura, Natsuko (1989) "Unaccusative Nouns and Resultatives in Japanese", in Hoji, H (ed.) *Japanese/Korean Linguistics,* 335-349 CSLI Stanford University.

Tsujimura, Natsuko (1990) "The Unaccusative Hypothesis and Noun Classification", *Linguistics 28:* 929-957.

Tsujimura, Natsuko (1991) "On the Semantic Properties of Unaccusativity", *Journal of Japanese Linguistics*, Vol 13: 91-116.

Van Valin, Robert D., Jr. (1990) "Semantic Parameters of Split Intransitivity", *Language 66:* 221-260.

Wittek, P. (1978) *Turkish Reader:* 2nd rev,ed. (Lund Humphries Modern Language Readers), Lund Humphries.

第二部　トルコ語と日本語の対照研究

4. トルコ語と日本語における語彙の意味的差異
ー「暖かい（ひと）」の因子分析 ー*

4.0　序

　トルコ語と日本語の対照分析は近年になって始まったもので、まだ研究が進んでいない新しい分野である（cf. Kuribayashi ve Gençer, 2012）。本論は、トルコ語と日本語の対照言語学の分野での貢献を目的としている。今回、語彙の対照研究を実施するために、トルコの文化において重要な地位にある *sıcakkanlı*（暖かい（ひと））に着目した。トルコ言語協会ではこの語彙について以下のように定義する：1.通常の体の暖かさ、2.愛らしい、気さくな、親しみやすい、3.誰とでもすぐに解り合える（ひと）、すぐに親しくなれる（ひと）。日本語の対応形式は *atatakai hito* になる。しかし、この単語にはトルコ語の第三番目のような意味がない。ある語彙が言語により相違を示すことはよくあることであるが、この問題が文化的な文脈でとりあげられる場合にも、相違が観察される（cf. Foley 1997）。本論では、トルコ人大学生（45名）と日本人大学生（22名）の2つの異なるグループに対してアンケートを実施して集計し、その結果得られた証拠に対してSD法（Semantic Differential Method）に基づく因子分析（cf. Kumata & Schramm 1969, Osgood 1952, Osgood, May & Miron 1975）で評価を行った。

4.1　トルコ語と日本語

　トルコ語と日本語は言語類型論の観点からは、両言語とも膠着的形態法を持ち、語順をはじめとして類似した文法構造を持つ。この理由より母語が日本語である学習者にとってトルコ語の文法規則はあまり違和感がない。この2つの言語は次のような点において類似点と相違点を示す。類似点は語順、膠着的形態法で、相違点はトルコ語で動詞述語文の主語と述語が人称一致することと名詞句の属格修飾名詞と被修飾名詞間での人称一致で、これらは日本語にはみられない点である。

4.2　"Sıcakkanlı（あたたかい）"の因子分析

トルコの文化では、*sıcakkanlı* 性という概念と *sıcakkanlı* であることが人間関係を構築するために重要であると考えられている。例えば、あるひとが暖かいひと

か冷たいひとかを計測できる手軽なオンラインの心理テストなどさえも準備されている（http://kadin.mynet.com/test/kisilik-testleri/5-sicakkanli-mi-soguk-musunuz.html）。しかし、この概念を日本文化の中で捉えるとき、トルコ語との間に意味的類似性があるものの、詳細に分析すると違いがみられ、その違いがしばしば誤解の原因になることがある。このように、所与の文化にとり格別に重要かつ示唆的な言葉を文化的語彙といい、日本の文化の中では「キーワード」として友（friend）、和、恩、義理などが指摘されている（Wierzbicka 1997）。トルコ文化の先行研究では「文化的キーワード」の概念のもとで、*Gönül*（気持ち）を表す*cana yakın*（こころ−に近い）"親しみやすい"の分析がされている（Ruhi 2006）。しかし、いずれの研究も母語話者の主観に頼る分析であり、客観性に乏しいのが欠点である。

　本論の目的は、心理学の統計分析手法であるSD法と因子分析を援用し、2つの言語間のこのような意味の違いを客観的に捉えることができるかどうかを探求することである。さらに、本論はトルコ語と日本語の言語教育や異文化間コミュニケーションなどの応用言語学的分野にも貢献すると考えられる。SD法とは、意味微分法あるいは意味差判別法（Semantic Differencial Method）と名づけられ、複数の因子から成り立つ概念や言語の意味を分析して数量化する方法のことである（Osgood 1952）。この方法を日本語と英語との文化の対照研究への応用した研究は主に心理学の分野で行われてきた（cf. Kumata & Schramm 1969）。

まずトルコ言語協会のオンライン辞典による*sıcakkanlı*の定義を確認する。

1. 形容詞：通常の体の暖かさ、それが存在する場所の暖かさに左右されない（動物）。
　"鳥類や哺乳類は体温を持つ動物である"
2. 愛らしい、気さくな、親しみやすい。
　"私の母親は心が暖かくて、礼儀正しかった"
3. 誰とでもすぐに解り合える（ひと）、すぐに親しくなれる（ひと）。

*Sıcakkanlı*に対応する日本語の語彙（あたたかい）を『日本国語大辞典』で確認すると以下のようになる。

1. 体に適度な温度が加わって心地よい。

76

2. 金銭が十分に、豊かにあるさま。
3. 思いやりや理解がこもっている。　『小学館　精選版日本国語大辞典』(2006)

和英辞典にみられる定義は次の通りである。

1. warm, mild, balmy（climate, thing）
2. kind, friendly, warm, loving, considerate, kindly, heartwarming, cordial
3. warm（color）
4. be flush, be in the money, be loaded（economic situation）

『研究社　新和英大辞典　第五版』(2017)

日本語でもトルコ語でも物理的な暖かさが基本的な意味としてあり、そこから意味的な拡張が生じてメタファー的な意味が派生していることがわかる。*Sıcakkanlı* としてこれらの意味に相当する日本語の対応形式は次のようになる。

> Atatakai　　　　hito
> warm-hearted　person

分析に入る前に、トルコ語の *sıcakkanlı* という語彙は、日本語ではなぜ *atatakai hito* という語彙を選択するのかという理由を説明する。

　形態構造の観点から *sıcakkanlı* は、(*sıcak*: 形容詞「暖かい」) + (*kan*: 名詞「血」-*lı*: 形容詞化接辞) と形態素分析される複合語で、字義的には「暖かい血のある」という意味があり、全体の文法カテゴリーは名詞である。機能としては、文中の統語的位置により副詞や形容的な機能を果たす。しかし日本語の *atataka-i* は末尾に活用形 -*i* が付加された単純形容詞であり、活用形 -i は形容詞としての機能のみを付加する。

　統語的な観点からは、*sıcakkanlı* という語は以下のaの例の *sıcak-kan-lı insan* にみられるように形容詞としての機能と共に、bの例のように名詞としての機能も持つ。これに対して、日本語では原則として同様の性質を持たない。より明確にいうと、トルコ語の形容詞＋名詞の構造において名詞の要素は省略できるが、日本語では名詞要素を省略することは不可能である。以下のcとdの例にみられるように日本語では形容詞の後には主要部である名詞 "hito" がくることが必要に

なる。

a. Sıcakkanlı　　　　insan　　　　gel-di.　　　　　トルコ語
　　warm-hearted　　person-NOM　come-PFT
　　"warm-hearted person has come."

b. Sıcakkanlı　　　　　　　gel-di.　　　　　　　トルコ語
　　warm-hearted　　　　　　come-PFT
　　"warm-hearted person has come."

c. Atatakai　　　　hito-ga　　　ki-ta.
　　warm-hearted　　person-NOM　come-PFT
　　"warm-hearted person has come."

d. *Atatakai　　　　　　ki-ta.
　　"warm-hearted person has come."

　さらに、以下の例にみられるように日本語でもトルコ語でも*sıcakkanlı*を述語的に用いることが可能である。この特徴から、トルコ語の*sıcakkanlı*という語彙と日本語の*atatakai hito*は、ほぼ同じ用法を持つことがわかる。

a. O insan　sıcakkanlı.　　　　　　　　　　トルコ語
　　that person　warm-hearted
　　"That person is warm-hearted"

b. Ano hito-wa　　　atatakai.
　　that person-TOP　warm
　　"That person is warm-hearted"

　以上の比較より、形態の観点からはこの2つの表現が対応していないようにみえるが、トルコ語と日本語のaとbが意味的に対をなしているので、両者の対照は可能であると考えられる。

　しかし、この語彙の両言語における意味は全く同じではない。特に日本語で*sıcakkanlı*の語彙に対応する語彙*atatakai*は「3. 誰とでもすぐに解り合える（ひと）、すぐに親しくなれる（ひと）」のような意味を表現しているとはいえない。

ある［意味的に共通とされる］語彙が言語により相違することは、頻繁に遭遇する状況ではあるが、その本質として文化的な差異が介在するならば、コミュニケーションの場での誤解に繋がるため細心の注意が必要になる。本論では、このような語彙をより客観的に分析するために因子分析の方法論を採用した。

研究目的 (RQ) として、以下の問題について解明する。

1.「暖かい」ひと とはどのような人物か？
2.「暖かい」という概念は文化によって相違があるだろうか？

4.3 　因子分析の適用 "sıcakkanlı / atatakai"

　アンケート調査の対象者は以下の通りである。

1) 被験者は18歳から21歳までの日本の大学生　合計20名（女性16名、男性4名）
2) 被験者は20歳から22歳までのトルコの大学生　合計45名（女性23名、男性22名）

アンケート調査の評価方法と項目のサンプルは以下の通りである。

　　1~50'deki soruları 4 dereceli puan kullanarak cevaplayın.
　　（1から50までの質問に4段階で答えてください）
　　Önk.　　Sıcakkanlı insan nasıl birisidir?
　　（例：暖かいひととはどのようなひとのことですか？）
　　Cevap;　　Bencil birisidir.　（答：自己中心的な人物である）
1 : hiç uygun değil　　　　（1：全く適切でない）
2 : biraz uygun　　　　　（2：概ね適切である）
3 : uygun　　　　　　　（3：適切である）
4 : çok uygun　　　　　（4：とても適切である）

上記の評価基準に基づき、以下のような50問の項目（表1と表2も参照）に対してそれぞれ回答を得た。

Sıcakkanlı insan nasıl birisidir?　　（暖かいひととはどのようなひとですか？）

(1) Dakiktir　　（正確である）

(2) Zamanlamaya önem vermez　（計画性がない）

(3) Temizdir　　（清潔である）

(4) Dürüsttür　　（正直である）

… (50)

トルコ人グループと日本人グループに実施したアンケートの50問について統計解析ソフトウェアRによる因子分析を行い、因子の累積寄与度が50％以上でかつp値が有意にならないような因子の組み合わせの選定を探査的に行った（exploratory factor analysis）。

4.4　トルコ語話者 (sıcakkanlı) の因子分析

　任意の感情尺度50項目について3因子を仮定して最尤法・バリマックス回転による因子分析を行った。結果として、トルコ語では*Sıcakkanlı* の概念は次の3因子を仮定すれば十分であることがわかった。3因子で50項目の全分散を説明する割合は50.9%であった。

第一因子　責任感がある (**Sorumluluk Sahibi Olma**)

責任感がある (Sorumluluk sahibidir), 几帳面 (Titizdir), 計画的 (Planlıdır)

第二因子 社交的 (**Sosyal Olma**)

ルール遵守 (Kurallara uyar), 協調的 (Grup çalışması yapar), 親しみやすい (Yakınlaşmak kolaydır), ひとの意見に耳を傾ける (İnsanlarıin sözlerini dikkate alır)

第三因子 情熱的 (**Sinirli Olma**)

怒りっぽい (Çabuk sinirlenir), 頑固者 (Katıdır)

因子分析の結果は以下のようになる。

	Factor1	Factor2	Factor3
SS loadings	4.467	2.295	1.893
Proportion Var	0.263	0.135	0.111
Cumulative Var	0.263	0.398	0.509

Test of the hypothesis that 3 factors are sufficient.

The chi square statistic is 94.32 on 88 degrees of freedom.

The p-value is 0.303

表1. トルコ語 "*Sıcakkanlı*" の因子分析の結果

	Factor1	Factor2	Factor3	Communality
yaklaşmak kolaydır	-0.15	**0.54**	-0.31	0.42
planlıdır	**0.75**	0.19	0.21	0.64
işyapmaya isteklidir	0.54	0.33	0.09	0.40
insanların sözlerini dikkate alır	0.27	**0.52**	0.14	0.37
kurallara uyar	0.37	**0.68**	0.29	0.68
kararlıdır	0.53	0.11	0.24	0.35
disiplinlidir	**0.66**	-0.17	0.18	0.50
katıdır	0.25	0.04	**0.96**	1.00
titizdir	**0.76**	0.03	0.17	0.60
çalışkandır	0.55	0.48	0.09	0.54
dakiktir	0.50	0.24	0.21	0.35
odaklanma gücü yüksektir	0.24	0.36	0.17	0.22
güvenilirdir	**0.69**	0.13	-0.02	0.49
sağduyuludur	0.58	0.35	0.17	0.49
sorumluluk sahibidir	**0.77**	0.25	0.12	0.67
grup çalışması yapar	0.04	**0.68**	-0.11	0.47
çabuk sinirlenir	0.14	0.02	**0.68**	0.48
Factor contribution	7.47	4.77	3.27	8.65
Cumulative contribution	26.3%	39.8%	50.9%	

4.5 日本語話者 (暖かいひと) の因子分析

任意の感情尺度50項目について3因子を仮定して最尤法・バリマックス回転による因子分析を行った。結果として、トルコ語では*sıcakkanlı*の概念は次の3因子を仮定すれば十分であることがわかった。3因子で50項目の全分散を説明する割合は51.7%であった。

第一因子（自己抑制的）

自制心がある，自分の意見がある，協調的。

第二因子（堅実的）

頑固者，計画的。

第三因子（信頼的）

正直，手助けをする，信頼できる，活動的である。

因子分析の結果は次の通りである。

	Factor1	Factor2	Factor3
SS loadings	3.631	2.406	2.228
Proportion Var	0.227	0.150	0.139
Cumulative Var	0.227	0.377	0.517

Test of the hypothesis that 3 factors are sufficient.

The chi square statistic is 87.49 on 75 degrees of freedom.

The p-value is 0.153

表2. 日本語（暖かいひと）の因子分析の結果

	Factor1	Factor2	Factor3	Communality
計画的	0.25	**0.55**	0.03	0.37
よく聞く	-0.20	0.29	-0.11	0.14
意志	**0.80**	0.08	0.19	0.69
眼鏡	0.19	0.39	-0.48	0.41
堅実	0.13	**0.99**	0.04	1.00
仕事熱心	0.62	0.48	-0.07	0.62
時間守る	0.30	0.32	0.26	0.26
自制心	**0.86**	0.21	0.13	0.79
信頼	0.15	-0.13	**0.56**	0.36
清潔	0.58	0.29	0.03	0.42
誠実	0.09	0.18	**0.75**	0.61
協調的	**0.70**	-0.08	0.19	0.53
熱い	0.61	0.00	0.34	0.49
能動的	0.39	-0.01	**0.53**	0.43
勉強得意	0.46	0.23	-0.31	0.36
手助けする	0.18	**0.57**	**0.67**	0.81
	6.11	4.34	2.76	8.27
	22.70%	37.70%	51.70%	

この分析結果での発見は以下のようにまとめることができる。

　研究目的1とは、「トルコ語と日本語の"暖かいひと"とはどのような人物か?」という問いであった。この問いに対する答えとして、トルコ語では3因子から成ることがわかった。この3因子とは、責任感がある、社交的、情熱的である。つまり責任感があり、社交的で、情熱的な人物が"sıcakkanlı（暖かいひと）"として認識されるということになる。研究目的1に関する日本語の分析でもこの意味概念が3因子から成ることがわかった。この3因子とは、自己抑制的、堅実的、信頼的である。簡潔にいうと、自己抑制的で、堅実的で、信頼的である人物が"暖かいひと"として認識されるということになる。

　両言語間で"暖かいひと"という語彙を明らかにするに際して気づいた最も重要な違いとは、トルコ語では社交的な人物であるためには、「暖かさ」が重要な意味を持つのに対して、日本語ではこのような認識がみられないということである。このことはまた、辞書にみられる2つの言語で異なる定義の理由にもなっている。

4.6　結論

　本論の最も重要な成果の1つとして、意味の客観的記述のために因子分析が有効であるということがわかった。換言すると、トルコ語と日本語において研究目的1の*"Sıcakkanlı" kişi nasıl bir kişidir?*（「暖かい」（ひと）とはどのような人物か?）の問いから出発して適用した因子分析により、"sıcakkanlılık（暖かさ）"の認識が日本語とトルコ語で相違を示すことを明確にした。

　研究目的2の「"暖かい"の概念は文化により相違をみせるだろうか?」に関する部分については、文化的差異が表面化するに応じて、語彙的な相違が生じるのは不可避であることが明確に判明した。今回の発見は、言語教育の観点からも評価でき、このような重要な文化的概念が言語を学習する個人に対して注意深く教授され、説明されることの必要性を目の当たりにした。従来、トルコ語と日本語の対照研究では言語的な文脈でのみ、あるいは文化的な文脈でのみというように両者を切り離して対照させていたが、本論は言語的な文脈と文化的な文脈を同時に対照させた先駆的な研究となる。

* 本論は筆者とトルコ共和国パムッカレ大学Zeynep GENÇER氏との共同研究に基づくもので
あり、ICTL17（17th International Conference on Turkish Linguistics: 3-5 September 2014, Université
de Rouen, France）での発表原稿の一部である。日本でのアンケート調査と統計的分析は筆者
が担当し、トルコでのアンケート調査はZeynep GENÇER氏が担当した。なお、発表原稿の第
二節を筆者が加筆し、発表原稿の後半部分で論じた「ağırbaşlı／真面目なひと」の統計分析と
データ提示は除外した。

参考文献

Foley, W. A.（1997）Relativism: cultural and linguistic constraints on minds. *Anthropological Linguistics: an introduction.* Oxford: Basil Blackwell.

Kumata, H and W. Schramm（1969）A pilot study of cross-cultural meaning. In: J. G. Snider and C. E. Osgood（eds.）*Semantic differential technique : a sourcebook.* Chicago : Aldine Pub, 273-282.

Kuribayashi, Y. ve Gençer, Z.（2012）Japonlara Türkçe Dilbilgisi Öğretirken Karşılaşılan Sorunlar Üzerine（日本人にトルコ語文法を教授する際に遭遇する問題点）. In YILMAZ, E., GEDİZLİ, M., ÖZCAN E.ve KOÇMAR, Y.（hz.）*Türkçenin Eğitimi-Öğretimi Üzerine Çalışmalar*（トルコ語教育に関する研究）. Ankara: Pegem Akademi. s305-312.

Osgood, C. E.（1952）The nature and measurement of meaning. *Psycho. Bull.,* 49, 197-237.

Osgood, C. E., May, W. H., and Miron, M. S.（1975）*Cross-Cultural Universals of Affective Meaning.* Urbana: University of Illinois Press.

Ruhi, Ş.（2006）Kültür araştırmalarında dilbilimin yeri: Kültürel anahtar sözcük bakış açısı（文化研究における言語学の位置づけ：文化的キーワードの観点より）. *Dilbilim*: Temel *Kavramlar, Sorunlar, Tartışmalar*（言語学：基本概念、問題点、論点）. 89-100.

Türk Dil Kurumu（トルコ言語協会編）.（2017）*Büyük Türkçe Sözlük*（トルコ語大辞典）.（http://www.tdk.gov.tr/index）.

Wierzbicka, A.（1997）*Understanding Cultures through Their Key Words: English, Russian, Polish, German and Japanese.* Oxford: Oxford University Press. [谷口伊兵衛訳 『キーワードによる異文化理解 ―英語、ロシア語、ポーランド語、日本語の場合』而立書房, 2009]

5. トルコ語の ol- 表現と日本語のナル表現の対照研究 *

5.0 はじめに

　言語類型論的な観点からは、トルコ語と日本語は膠着的形態法、修飾語 - 被修飾語の名詞句構造、目的語−動詞の基本語順などの共通した文法的特徴を持っている。2つ以上の言語を比較・対照することにより、対照言語学の目的は対象となる言語の根底にある類似点や相違点をみつけ出し、類型論的な普遍性や個別言語の記述に貢献することである。これらの探求の結果として、対照言語学の分野はまた、言語教育や言語翻訳などの応用言語学的な分野にも貢献する。日本では中学校において初めての外国語として英語を学び始めるので、日本語と英語の対照研究が伝統的に盛んである。

　外国語としての日本語の観点から英語以外の対照研究が1970年代に始められ、現在でも継続しているが、中国語や韓国語などの極東の諸言語に限られている。1980年代に池上 (1980) による代表的研究である『するとなるの言語学』が出版された。本書は「スル」と「ナル」の補助動詞の交替に焦点を当てて日本語を英語と対照することを目的としたものであるが、「スル」と「ナル」の補助動詞の交替はトルコ語にもみられる。『するとなるの言語学』の日本における対照研究への影響力は現在でも大きい。

5.1 スル言語とナル言語

　池上 (1981) では、英語をスル言語、日本語をナル言語とのカテゴリーに分けて、一連の文法的相関現象を示した。しかし、言語の普遍性を目指す研究である限り、研究の対象を英語のみに限定するのでは不十分である。したがって、言語類型論の観点が欠けていることを認識し、我々の研究グループは世界の諸言語の中でナル的表現を持つ言語の類型論的調査を始めることにした (守屋, 角道, 栗林, 岡, 宮岸, 南, 池上 2017)。

表1. ナル表現に対応する形式

韓国語	モンゴル語	サハ語	ウイグル語	カザフ語	トルコ語	シンハラ語	ドイツ語	ロシア語	中国語
✔	✔	✔	✔	✔	✔	✔	若干の動詞	若干の動詞	若干の動詞

このように、トルコ語とチュルク諸語にみられるナルとスルの間の対立は、主要部後置型の類型論的特徴を持つ多くのアルタイ型言語にみられる。

(1) a. zahmet ol-　　　　ol- は主語に被動者の意味を付与
　　　 bother become-
　　　 「世話になる」
　　b. zahmet et-　　　　et- は主語に行為者の意味を付与
　　　 bother do-
　　　 「面倒をかける」
(2) a. zengin ol-
　　　 rich become-
　　　 「金持ちになる」
　　b. zengin et-
　　　 rich do-
　　　 「金持ちにする」

助動詞 *ol-* が自動詞化の機能を持つ一方、助動詞 et- は他動詞化の機能を持つという事実から、これらの助動詞の交替は助動詞の交替によるヴォイスの現象といえる。本論は、ナル言語では出来事が自動詞的に表現される傾向があるとし、スル言語では出来事が他動詞的に表現される傾向があると定義する。一般的に日本語は出来事が自動詞的に表現される傾向がある言語であると考えられている。下記の例は、日本語では予期せぬ事態において話者が自動詞的な表現を選択することを示している。

i）台所で調理していたときに誤って包丁で自分の指を切ったとき；
(3) a. Parmağ-ım-ı　kes-ti-m.　　　　他動詞
　　　 finger-1.POSS cut（Vi）-PST-1.SG
　　b. Yubi-ga　　　kire-ta.　　　　　自動詞
　　　 finger-NOM cut（Vi）-PFT

ii）魚釣りをしているとき、大きな魚がかかって興奮しているとき；
(4) a. Balık tut-tu-m.　　他動詞

fish catch-PST-1.SG

  b.（Sakana-ga）ture-ta.　　　　　　　自動詞

    fish-NOM　　catch（Vi）-PFT

iii）子供が突然カップのミルクをこぼしたとき；

（5）a. Aaa, süt dök-tü.　　　　　　　　他動詞

    Oh　milk spill-PST

  b. Aaa, miruku-ga　kobore（Vi）-ta.　　　自動詞

    milk-NOM spill-PFT

トルコ語のナル表現 *ol-* について、トルコの代表的な辞書での記述を確認すると、以下のように 25 項目の見出しが認められる。

1. 出現すること、存在すること、発生すること
2. 実現すること、作られること
3. 職能や地位あるいは性質を持つこと
4. あるものを入手すること、手に入れること
5. ある状態から別の状態に推移すること
―中略―
25. 病気に罹患すること、感染すること　　　　　　　　『トルコ語大辞典』(2017)

トルコ語のナル表現は第 1 の意味にあるように基本形式は主動詞となる自動詞であるが、第 5 の意味の状態変化は、以下のような統語的な基本形式で示すことができる。つまり、トルコ語の着点になる名詞は与格で表示されるが、ナル表現 *ol-* と共起する主格補語名詞はゼロ格で表示される。

（6）（主語）＋主格補語［着点］－ゼロ格＋ol-　　　　トルコ語
   cf. 主語 ＋主格補語－二格＋ナル　　　　　　日本語

この 25 項目の中で、トルコ語で最も頻度が高い 1 項目と 2 項目の意味は現代日本語のナル表現には認められず、3 項目以降ではじめて共通する意味が認められる。

(7) a.（Ben）　　　öğretmen　　　ol-du-m.
　　　I　　　　　teacher　　　　become-PFT
　　b. watasi-wa　sensee-ni　　nar-ta.
　　　I　-TOP teacher-DAT　become-PFT

トルコ語と日本語の重要な違いは、日本語では主格補語が与格で表示されるが、トルコ語では主格補語がゼロ表示であるということである。

表2.　主格補部の格表示

韓国語	モンゴル語	サハ語	ウイグル語	カザフ語	トルコ語	シンハラ語	ドイツ語	ロシア語	中国語
主格	ゼロ	ゼロ	ゼロ	ゼロ	ゼロ	与格	主格与格	道具格	ゼロ

(8)（主語）＋名格補部［着点］＋ol-　　　トルコ語
　　cf. 主語＋名格補部 – 与格＋naru-　　日本語

ナル的言語としての共有する特徴は、日本語とトルコ語の両方に(8)や(9)のような迂言的なモーダル構造があることである。行為者を明示しないことにより丁寧な意味を表し、日本語では頻繁に用いられる。

(9) a. Biz-e　　　　gel-mez.
　　　we-DAT　　　come-NEG:AOR
　　b.［Biz-e　　　gel-mez］　　ol-du.
　　　we-DAT　　　come-NEG:AOR　become-PST

(10) a. Watasitati-no tokoro-ni　　ko-nai.
　　　we-GEN　　　place-DAT　　come-NEG
　　b.［Watasitati-no tokoro-ni ko-nai　koto-ni］　　natta.
　　　we-GEN　　place-DAT come-NEG NMZ-DAT became

ol- の本質は文を自動詞的に表現することである。つまり、行為者を非顕在化し、

一方的な決定ではなく、出来事が自然に生じたように表現することである。そのことは、文脈に応じて謙虚さや丁寧さなどにも繋がる。例えば、トルコ語での結婚式の招待状はナル的表現よりもスル的表現が好まれ、逆の場合は非文法的にもなる（Tekmen 2011 参照）。対応するトルコ語（11a）とは対照的に、日本語の（12a）は文法的であるが、招待状の表現としては適切ではなく、日本語ではほとんど使用されることがない。

(11) a. Biz evlen-iyor-uz.

　　　we get married-PROG-1.PL

　　　「私たちは結婚します。」

　　b. *Biz evlen-iyor　　　ol-du.

　　　we get married-PROG become-PST

　　　「私たちは結婚することになりました。」

　　c. *Biz evlen-ir　　　ol-du.

　　　we get married-AOR become-PST

　　　「私たちは結婚することになりました。」

　　d. *Biz evlen-eceğ-iz　　　ol-du.

　　　we get married-FUT-1PL become-PST

　　　「私たちは結婚することになりました。」

(12) a. Watasitati-wa　　kekkon　si-masu.

　　　we　　-TOP　　　marriage do-POLT

　　b. Watasitati-wa　　kekkon　suru-koto-ni　nari-masi-ta.

　　　we　　-TOP　　　marriage do-fact-DAT become-POLT-PFT

本論では、文全体を自動詞的に表現する文に焦点を当てる。

5.2　翻訳された物語でのナル表現の対照研究

　本論では、自動詞的に文全体を表現する傾向が強いかどうかを検証するため、原文が外国語である小説（Antoine de Saint-Exupery (1949) *Le Petit Prince*）の物語文の翻訳に生起する *ol-* 表現をトルコ語と日本語で対照しつつ、*ol-* 表現のトルコ語における位置づけを試みる。トルコ語と日本語の短い物語を対照させた *ol-* の

先行研究として Tekmen（2016）があるが、本論では単に言語を対照させるだけで
はなく、翻訳の方向性も考慮して統計的分析を行い、最終的にはさまざまな言語
におけるナル表現による自動詞化（自動詞的に文全体を表現すること）を検証す
ることを目的としている。

　表. 3-1 はフランス語の原文から、トルコ語へ翻訳したトルコ語訳のテクスト
中に ol- が生起する場所に注目して集計したものである。トルコ語の翻訳テクス
ト中の文末の ol- の全ての生起回数は 108 箇所であったが、名詞類に付加される
例などを除き、文全体を対象とする ol- に限り調査すると、15 箇所あったことを
示す。表. 3-2 はその 15 箇所の中で ol- が出現する箇所が日本語訳でも nar- に対応
するものが 2 箇所あり、残りの 13 箇所は日本語の nar- と対応していないことを
示している。つまり語彙的な意味ではトルコ語の ol- は日本語の nar- に対応する
と考えらているが、実際の翻訳における対応はわずか 2 箇所にすぎない。

表. 3-1　トルコ語がベースになった日本語への翻訳（文末の ol-）

	文全体以外に付加 される ol-	文全体に付加される ol-	計
トルコ語－日本語	93	15	108

(13) a. bir ressam olma fırsatını böylece kaçırmış **ol**-dum,　　　　　（文全体に付加）

　　 b. bokuwa rokusaide ekakininaru yumewo akirameta,

表. 3-2　トルコ語がベースになった日本語への翻訳

（文全体に付加される文末の ol-）

	日本語との対応が ない ol-	日本語との対応が ある ol-	計
トルコ語－日本語	13	2	15

(14) a. yaşamıma güneş doğmuş gibi **ol**-acak.　　　　　（日本語との対応あり）

　　 b. oirano moinitiwa, hikaride ahuretamitai ninaru.（nar-）

トルコ語がベースの対応関係だけでなく、日本語がベースの対応関係も考慮す
る必要がある。表. 4-1 はフランス語の原文から、日本語へ翻訳した日本語訳テ

クスト中に*nar-* が生起する場所に注目して集計したものである。トルコ語の翻訳テクスト中の文末の*nar-* の全ての生起回数は44箇所であったが、名詞類に付加される例を除いた、文全体に付加する*nar-* は18箇所あったことを示している。表. 4-2はその18箇所の中で*nar-* が生起する部分で、トルコ語訳の*ol-* に対応するものが3箇所あり、残りの15箇所はトルコ語の*ol-* で訳されていないことを示している。つまり語彙的な意味では日本語の*nar-* はトルコ語の*ol-* に対応すると考えられるが、実際の翻訳において*nar-* が*ol-* と対応して翻訳されている箇所はわずか3箇所にとどまる。

表. 4-1 日本語がベースになったトルコ語への翻訳（文末の*nar-*）

	文全体以外に付加 される nar-	文全体に付加される nar-	計
日本語－トルコ語	26	18	44

(15) a. yoru, sorawo mirunoga kokotiyoku naru.（nar-）　　　　（文全体に付加）
b. geceleyin yıldızlara bakmak hoştur.

表. 4-2 日本語がベースになったトルコ語への翻訳

（文全体に付加される文末の*nar-*）

	トルコ語との対応が ない nar-	トルコ語との対応が ある nar-	計
日本語－トルコ語	15	3	18

(16) a. Kimiwo miteruto, kawaisooni naru.　（nar-）　　　（トルコ語との対応なし）
b. Senin için üzülüyorum.

以下では集計の結果得られた数値の持つ意味を考察する。表. 5-1はトルコ語と日本語の翻訳を通して言語による違いと、文に付加される自動詞的表現（*ol-* と *nar-* を合わせて中立的に表現している）の使用は関係があるのかどうかを検討する。

表. 5-1　ナル表現と言語による関連

	文全体以外に付加される ol-/nar-	文全体に付加される ol-/nar-	計
トルコ語−日本語	93	15	108
日本語−トルコ語	26	18	44
計	119	33	152

カイ二乗検定の結果、言語による翻訳の方向性の違いと文に付加される自動詞的表現に有意な関連が認められた（$\chi^2(1) = 11.886$, p<.01）。そこで、残差分析を行なったところ、トルコ語をベースにした翻訳では日本語での翻訳よりも文全体以外に付加される *ol-* の出現箇所が有意に多く、日本語をベースにした翻訳では、文全体に付加される *nar-* が有意に多いことがわかった（p<.05）。

　表. 5-2ではトルコ語と日本語の翻訳を通してベースになる言語の違いと、文に付加されるナル表現（*ol-* と *nar-* を合わせて中立的に表現している）が関連するのかどうかを検討した。「トルコ語-日本語で翻訳対応があり」とは、トルコ語で *ol-* で翻訳された場合、日本語でも *nar-* で翻訳されていることを示す。

表. 5-2　ナル表現の翻訳対応と言語による関連

	翻訳対応なし	翻訳対応あり	計
トルコ語−日本語	13	2	15
日本語−トルコ語	13	3	16
計	26	5	31

カイ二乗検定の結果、有意差は認められず（$\chi^2(1) = 0.006$, ns）、トルコ語でも日本語でも翻訳のベースになる言語の違いは、文に付加される *ol-* / *nar-* 表現の対応の有無とは関係がないことを示す。つまり原文のフランス語からトルコ語や日本語に翻訳された場合、*ol-* / *nar-* 表現の対応例の数自体は少ないが、その状況はトルコ語や日本語といった言語の違いとは関係がないことを示している。

5.3　まとめ

　本論は、自動詞的に文全体を表現する傾向が強いかどうかを検証するため、原文がフランス語である文学作品のトルコ語と日本語の翻訳文で、それぞれの言

語で対応する自動詞的表現である *ol-* / *nar-* を検討した。結論として、トルコ語よりも日本語の方が文全体を自動詞として表現する傾向が強いということがわかった。

　これに関連して、チュルク諸語の中でも自動詞的表現 (*ol-*) のあり方には、バリエーションがみられ、トルコ語では非文法的であるナル表現が、ウイグル語やキルギス語などの他のチュルク諸語では可能になる。

(17) a. Biz toy　　qil-digan bol-du-q.　　　　　　　ウイグル語
　　　 we wedding do-PRT become-PST-1.PL
　　　 (Biz evlen-ir　　　　ol-du-k.)　　　　　　　トルコ語
　　　 we get married-AOR become-PST-1.PL
　　　 「私たちは結婚することになりました。」
　　b. Biz toy　　qil-i-miz.　　　　　　　　　　　ウイグル語
　　　 we wedding do-IMP-1.PL
　　　 (Biz evlen-iyor-uz.)　　　　　　　　　　　トルコ語
　　　 we get married-PROG-1.PL
　　　 「私たちは結婚します。」

(18) a. Biz evlen-iyor-uz.　　　　　　　　　　　　トルコ語
　　　 we get married-PROG-1.PL
　　　 「私たちは結婚します。」
　　b. *Biz evlen-iyor　　　　ol-du.
　　　 we get married-PROG become-PST
　　c. *Biz evlen-ir　　　　　ol-du.
　　　 we get married-AOR become-PST
　　　 「私たちは結婚することになりました。」
　　d. *Biz evlen-eceğ-iz　　　ol-du.
　　　 we get married-FUT-1.PL become-PST　 = (10)
　　　 「私たちは結婚することになりました。」

このような対比は、チュルク諸語の間でも自動詞化の傾向に違いがあることを示しているといえる。

第二部　トルコ語と日本語の対照研究

* 本論は日本学術研究会　基盤研究 (C) No.16K02676 の援助を受けている。

略記号

ACC: accusative, AOR: aorist, DAT: dative, FUT: future, GEN: genitive, NEG: negative, NMZ: nominalization, NOM: nominative, PFT: perfect, PL: plural, POSS: possessive, PROG: progressive, POLT: polite, PRT: participle, PST: past, TOP: topic, Vi: intransitive verb, Vt: transitive verb, 1: first person, 2: second person

参考文献

池上嘉彦. 1981.『スルとナルの言語学』. 東京：大修館書店.

栗林裕. 2010.『チュルク語南西グループの構造と記述－トルコ語の語形成と周辺言語の言語接触－』. 東京：くろしお出版.

守屋三千代, 角道正佳, 栗林裕, 岡智之, 宮岸哲也, 南謙吾, 池上嘉彦. 2017.「ナル表現をめぐる通言語学的研究－日本とユーラシアのナル表現－」. ワークショップでの口頭発表. 日本認知言語学会.

Tekmen, Ayşe Nur. 2011.「トルコ語のナル表現、ナル動詞と日本語との相違」.『認知言語学論文集』, Vol.12, 564-567.

Tekmen, Ayşe Nur. 2016.「トルコ語のナル動詞と日本語のナル動詞の比較、変化、状態」.『認知言語学論文集』, Vol.16, 593-598.

Türk Dil Kurumu. 2017. *Büyük Türkçe Sözlük*. (http://www.tdk.gov.tr/index).

第三部　チュルク諸語の研究

6. トルコ語、古代トルコ語およびハラジ語における使役 / 反使役 の交替 *

6.0 序

　本論では、古代トルコ語（オルホン碑文）やハラジ語を含むチュルク諸語との比較を通してトルコ語の動詞の派生の方向性、特に、他動詞と自動詞の派生について検討する。さらに、代表的なトルコ語 – 日本語辞典にみられる他動詞と自動詞の統計的分析を行う。先行研究（e.g. Haspelmath 1993, Nichols, Peterson, and Barnes 2004）とは異なり、トルコ語の他動詞から自動詞への派生のペアの数は、自動詞から他動詞への派生のペアの数とほぼ同じであることを発見した。1.1 節で先行研究をまとめた後、古代トルコ語とハラジ語のデータを 1.2 節と 1.3 節で提示する。1.4 節では本論でのトルコ語のデータ調査が提示され、2 節ではこれらの言語に統計的分析が実施される。3 節では本論の主な結論をまとめ、いくつかの見通しを素描する。

1. 自動詞と他動詞の形態的派生の方向性
1.1 先行研究

　Haspelmath 1993 ではトルコ語を含む 31 の言語で自動詞と他動詞の形態的派生の方向性を調べている。Haspelmath は自身の分類について次のように定義している（例は筆者によるトルコ語からのものである）。

C（causative）: The inchoative verb is basic and the causative verb is derived（e.g., öl-‘die,’　öl-dür- ‘kill’）.

A（anticausative）: The causative verb is basic and the inchoative verb is derived（e.g., boz- ‘break,’ boz-ul- ‘be broken’）.

E（equipollent）: Both are derived from the same root（e.g., öğre-n- ‘learn,’ öğre-t- ‘teach’）.

S（suppletive）: Different verb roots are used（e.g., gir- ‘enter,’　sok- ‘put in’）.

L（labile）: The same verb is used both in the inchoative and in the causative sense（e.g., aş- ‘exceed,’ aş- ‘surpass’）.

A/C: Ratio of anticausative to causative pairs

% non-dir.: Percentage of non-directed pairs（E, S, L）

Haspelmath（1993）のトルコ語についてのサンプリング結果は表1に提示され、A/C比率はトルコ語が方向性のある使役交替であることを示している（A/C=9/17.5 ≒ 0.51）。

表1. トルコ語動詞30個の他動詞ペア

Total	A	C	E	L	S	A/C	% non-dir.
30	9	17.5	2.5	0	1	0.51	12

（Haspelmath 1993: 101）

表2. トルコ語動詞353個の他動詞ペア

Total	A	C	E	L	S	A/C	% non-dir.
353	106	201	30	2	14	0.52	13

（Kuribayashi 2011: 525）

Haspelmath（1993）に引き続き、Nichols et al.（2004）は80言語を対象とした動詞の派生についての広範囲な類型論的研究を行っている。その中で、18の基本動詞の集合を2つに分類して調査した。つまり、「笑う」や「死ぬ」のような有生主語をとる動詞と「沸く」や「壊す」のような無生主語をとる動詞に分類した。調査した言語は4つの主要な類型に分けられる。つまり他動詞型、脱他動詞型、中立型、その他の型である。一般的な類型論的パラメータとして結合価の方向性に基礎をおいている。本論で用いるその定義と略記号は次のようになる。AUGUMENTED（Augm）; 結合価が増えることを顕在的に表示する、AUXILIARY CHANGE（Aux）; 異なった助動詞や軽動詞を伴う句の述語、Detrans; 脱他動詞化、DOUBLE DERIVATION（Double）; 両方のメンバーが顕在的に派生される Neut ; 中立、n.d.; 不明確なもの、High; 当該の派生が平均頻度よりも1度数以上標準偏差が上であること、REDUCED; 結合価が減じることを顕在的に表示、Trans; 他動詞化。

表 3. 対応するものの定義と例

タイプ	定義	トルコ語の例	これらのタイプを含む他の言語:
Augmented (Augm)	結合価増加を顕在的に表示	anla- 'understand' > anla-t- 'わからせる'	チェチェン語、ナーナイ語、ライ語
Reduced	結合価減少を顕在的に表示	sev- '愛する' > sev-in- '嬉しい'	ロシア語
Auxiliary Change	異なった助動詞や軽動詞を伴う句の述語	mahv-et-'台無しにする' ⇔ mahv-ol-'台無しになる'	バスク語、イングーシ語
Double Derivation	両方のメンバーが顕在的に派生され、一方は累加的派生で他方は減価的派生の場合	öğre-n-'学ぶ' ⇔ öğre-t-'教える'	シベリア・ユピック語
Ambitransitive	両方の結合価のパターンが同じ動詞	不適用	タイ語、英語

彼女らは基本動詞とその意味的な使役から構成される18のペアについて調査を行った。そこでは、CORRESPONDENCE（対応）という用語を用い、18の動詞ペアの1つのペアにおいて、基本動詞とそれから派生される動詞間の形式的な差異の1つを指すものとした。下に示したデータはNichols et al. (2004: 190-194)で議論されたアルタイ諸語からのものである。数値は調査言語における対応の頻度を示す。

有生動詞:
ウイグル語
　Augment 6　Suppletion 2　High: Augm　Type: Trans
ナーナイ語
　Augment 7　Suppletion 2　High: Augm　Type: Trans
モンゴル語
　Augment 5.5 Double 0.5 Aux 1 Suppletion 1 n.d. 1 High: Aux Type: Neut

上記の有生動詞での結論は、Nichols et al. (2004) での唯一のチュルク諸語からの代表例であったウイグル語が、Haspelmath でも論じられたように、自動詞の基本形に接辞を付加することで形成される典型的な他動詞的派生であることを示している。

無生動詞：

ウイグル語

  Augment 3　Reduce 3　Double 1　n.d. 1　High: Reduce

  Type: Detrans

ナーナイ語

  Augment 2.5　Reduce 2.5　Double 1　Ablaut 1.5　n.d. 1　High: none　Type: none

モンゴル語

  Augment 5　Reduce 2　Ablaut 1　n.d. 1　High: Augm　Type: Trans

有生動詞の場合とは対照的に、ウイグル語の自動詞の数は、累加タイプ（augment type）（6例）が3例に減っていることと、減少タイプ（reduced type）（3例）が新たに誕生したことを示している。したがって、当該言語全体が脱他動詞的な派生に対応することになるのかもしれない。言い換えると、有生タイプからの結果は、無生タイプの結果とは異なるということである。ナーナイ語とモンゴル語の両方において有生性が重要な役割を果たすということに注意することは重要である。

　Nichols et al.（2004）では、チュルク諸語の例としてトルコ語の代わりにウイグル語を代表させた。それ故、本論ではNichols et al.（2004）で議論されたものと同じ動詞のペアに基づいたトルコ語のデータを調査した。表の左端の数値は18の動詞ペアに付された番号を意味する（付録を参照）。

表4. Nichols et al.（2004）に基づくトルコ語の他動詞のペア

	Aug	Red	Dou	Amb	Conj	Aux	Adj	Abla	Sup	n.d	High	Type
animate 1-9	6	1	1	0	0	0	0	0	1	0	Aug	Trans
inanimate 10-18	5	2	1	0	0	0	0	0	0	1	Aug	Trans

結果は次のようになる。

トルコ語

有生動詞：

Augment 6　Reduce 1　Double 1 Suppletion 1　High: Augm　Type: Trans

無生動詞：

 Augment 5　Reduce 2　Double 1　n.d. 1　　High: Augm　Type: Trans

6. トルコ語、古代トルコ語およびハラジ語における使役 / 反使役の交替

トルコ語での結果は、有生主語動詞と無生主語動詞の間で違いがみられないことを示している。両方の動詞のタイプは一般的に累加型で、言語全体のタイプは他動詞派生型を示している。ウイグル語と比較すると、動詞の派生は無生主語動詞とは逆になる。つまり、トルコ語は常に他動詞的派生であるが、一方、ウイグル語は無生主語動詞の場合にのみ脱他動詞型の派生になるのである。したがって、2つのチュルク語の間には違いを認定できる。

1.2 古代トルコ語のデータ

オルホン碑文（トルコ・ルーン文字）は現存する最古のチュルク語の資料である。19世紀にモンゴル高原において、8世紀まで遡るとされる碑文が発見された（Ergin 1988: Tekin 2010）。本論の目的は古代トルコ語と現代トルコ語を比較し、歴史的な視点も導入することである。本論の調査ではErgin（1988）で提示された語のリストに基づき、調査動詞の総数は203に及ぶ。

表5. 古代トルコ語の他動詞のペア

合計	A	C	E	L	S	A/C	% non-dir.
82	14	62	6	0	0	0.225	2.9

A: 7ペア， C: 31ペア， E: 3ペア

表5は古代トルコ語では使役交替型が優勢であることを示している。したがって、A/C比率はトルコ語のものよりも低い（e.g., 0.225 vs. 0.52）。

1.3 ハラジ語のデータ

イランのチュルク系ハラジ族は首都であるテヘランの約200キロメートル南に居住する民族グループであり、その言語は消滅の危機にあるチュルク系言語の1つになっている。近年の人口推定によると42,107名である。ハラジ族は古い言語特徴を保持しているという理由から、アルグ－トルコ族の末裔であると推測する研究者もいる。本論ではハラジ語母語話者（年齢50歳、大卒、18歳までハラジの村で生育）に対して、Nichols et al.（2004）で使用されたものと同じ動詞のペアに基づきつつ、ハラジ語のデータを調査した（表6と付録も参照）。

表 6.　ハラジ語の他動性ペア

	Aug	Red	Dou	Amb	Conj	Aux	Adj	Abla	Sup	n.d	High	Type
有生 1-9	7	0	2	0	0	0	0	0	0	0	Aug	Trans
無生 10-18	7	2	0	0	0	0	0	0	0	0	Aug	Trans

結果は次のようになる。

ハラジ語
有生動詞：
　Augment 7　Reduce 0　Double 2　　High: Augm　Type: Trans
無生動詞：
　Augment 7　Reduce 2　Double 0　　High: Augm　Type: Trans

Reduce/Augment 比率　0.142　（cf. トルコ語　R/A 比率　0.272）

ハラジ語の調査結果は、トルコ語の場合と同じように、有生主語動詞か無生主語動詞において違いがないことを示している。両方のタイプの動詞は一般的に累加型で、言語全体のタイプは他動詞派生型に対応する。減少（reduce）/ 累加（augment）比率は0.142であり、トルコ語のそれ（A/R 比率 0.272）よりも低いことに注意すべきで、そのことはハラジ語がトルコ語よりもさらに一貫して他動詞派生型を使用していることを意味している。
ここまでの結論をまとめると次のようになる。

1.　古代トルコ語（オルホン碑文）も現代トルコ語も派生に方向性を持つ言語である。古代トルコ語は使役型交替に対応し（A/C: 0.225）、この使役型交替の A/C 比率は減じているものの、現代トルコにおいても優勢である（A/C 0.52）。
2.　トルコ語とハラジ語の形態的派生の方向性に関して、有生主語動詞と無生主語動詞により違いはみられない。
3.　無生主語動詞の場合には、チュルク諸語間（cf. ウイグル語 対 トルコ語とハラジ語）において違い（減少型と累加型の比率）がある。

1.4　本論でのトルコ語の調査

　Haspelmath と Nichols の研究における抽出調査では18種類のみの動詞が使用された。したがって、対象となる言語全体の記述のためには十分なものとはいえない。本論ではより大型の辞書、つまり 16,000 語を擁し全437ページから成る竹内 (1990) の『トルコ語・日本語辞典』に現れる動詞について大規模な調査の実施を決めた。本辞書には合計 2,204 の語彙項目がある。本調査では、他動詞的ペアを anla- (Vt) '理解する' - anla-ş- (Vi) 'お互いに理解する、同意する' とし、先行研究のように anla- (Vi) - anla-t- (Vt) '説明する、理解させる' とは定義しない。この定義により、派生動詞 anla-t- (Vt) は本論でのペアからは排除される。なぜなら、この例では結合価の増加のみに（他動詞の定義が）依存するからである。言い換えると、派生動詞 anla-t- は意味的な使役として扱うことになる。したがって、ここで示される anla- の派生のパラダイムは次のようになる。

anla- '理解する (Vt)'

anlaş- '互いに理解する, 同意する (Vi)'

anlat- '説明する、理解させる' (ペアから除外)

調査対象辞書からのペアの抽出の基準：動詞の派生 1 ペアにつき 1 回のみカウント

新しい定義によるペア：anla- (Vt) vs. anlaş- (Vi)

(cf. 先行研究の定義によるペア：anla- (Vi) vs. anlat- (Vt))

この定義は Jacobsen (1990) の動詞の表とは全く異なる。先行する研究のペアでは、同じ動詞に生じる自動詞的な用法と他動詞的な用法を捉えていなかった。本論での動詞の抽出法に基づく機能的対立は 2,204 個の動詞のうち 349 の他動詞は対応する自動詞を持たず、584 個の自動詞は対応する他動詞を持たないことを意味する（表8を参照）。加えて 392 個の他動詞は対応する自動詞を持ち、404 個の自動詞は対応する他動詞を持つ（表7を参照）。

表 7. 他動詞（結合価増）－自動詞（結合価減）ペア

Total	A	C	E	L	S	A/C	% non-dir.
852	404	392	30	22	4	1.0	6.5

表 8. その他の動詞のペア

Total	Vi	Vt	E	L	S	A/C	% non-dir.
1,352	583	349	–	–	–	–	–

表 9. 動詞の総数

Total	Vi	Vt	E	L	S	A/C	% non-dir.
2,204	987	741	30	22	4	–	–

2. 統計分析

　本論では 3 つのセット、つまり Ergin の古代トルコ語コーパス、Jacobsen のトルコ語コーパスの動詞リスト、竹内に基づくトルコ語コーパスの実測値と期待値の間になんらかの差があるかどうかを決定するために統計分析を実施した。それぞれのコーパスの総数は違うので、動詞派生の形態的方向性を決定するために、それぞれにカイ二乗検定を実施するのが理にかなう。

2.1 残差分析

表 10. 言語コーパスごとの派生のタイプ

		コーパス			計
		Ergin	Jacobsen	竹内	
		古代トルコ語	トルコ語	トルコ語	
タイプ	反使役	14	106	404	524
	使役	62	201	392	655
	その他	6	46	56	108
	計	82	353	852	1287

＊本分析では自動詞 – 他動詞ペアを対象にするものである。有意差水準の基準は次の通りである。

残差分析：± 1.96　　有意差の水準 .05

　　　　　± 2.58　　有意差の水準 .01

カイ二乗独立検定は派生のタイプとコーパスの関係を調べるために実施した。

これらの変数間の関係は有意であった $(\chi^2 (4, N = 1287) = 59.459, p < .01)$。標準化された残差分析では、竹内コーパスの反使役の頻度の高さ（標準化された残差 = 6.8）と竹内コーパスの使役の頻度の低さ（標準化された残差 = −4.9）が有意であることを示している。

　結論として、Jacobsen のトルコ語コーパスの反使役交替の数値は1％水準で有意に小さく、使役交替の数値は1％水準で有意に大きい。Ergin の古代トルコ語のコーパスでは、反使役交替の数値は1％水準で有意に小さく、一方、使役交替の数値は1％水準で有意に大きい。本論での竹内コーパスに関する結論は、Haspelmath（1993）と Jacobsen（1990）（をベースにした）トルコ語コーパスから導き出された使役交替型が優勢であるとの結論の再検討を示唆している。

2.2　反使役（A）タイプか使役（C）タイプか？

　次に、本論ではA/C比率に統計分析を実施し、自由度1のカイ二乗テストを用いた。

表 11. 派生の方向

言語コーパス :語リストのタイプ	A vs. C	カイ二乗テスト
古代トルコ語：Ergin の 動詞リストに基づく	14 vs. 62	$\chi^2 = 30.316$　$df = 1$　$p < .001$
トルコ語：Jacobsen の 動詞リストに基づく	106 vs. 201	$\chi^2 = 29.397$　$df = 1$　$p < .001$
トルコ語：竹内の辞書に基づく	404 vs. 392	$\chi^2 = .181$　　　$df = 1$　n.s.
ハラジ語：Nichols の動詞リストに基づく	2 vs. 14	$\chi^2 = 9$　　　$df = 1$　$p = .0027$
トルコ語：Nichols の動詞リストに基づく	3 vs. 11	$\chi^2 = 5.143$　$df = 1$　$p = .023$

　結論として、Ergin の古代トルコ語のコーパス（$\chi^2 = 30.316$），Jacobsen の トルコ語コーパス（$\chi^2 = 29.397$）、ハラジ語（$\chi^2 = 9$）と Nichols のトルコ語コーパス（$\chi^2 = 5.143$）において、多重比較すると使役交替が5％の有意水準で有意に大きいことを示している。対照的に、竹内コーパスのトルコ語の動詞リストは使役交替と反使役交替において有意差はみられなかった。

3.　まとめと結論

　本論での主張は次のようにまとめることができる。

1. 先行研究ではトルコ語において、自動詞がしばしば基本形で、他動詞はそこから派生されると報告している。しかし、ある場合においては、他動詞が基本形で自動詞はそこから派生される。滅多にないが、他動詞と自動詞が同じ形態であることもある。これらの先行研究に対して、本論でのトルコ語辞典の調査は、自動詞から他動詞が派生される場合が優勢であると常にはいえないことを示している（竹内のトルコ語コーパス：表10-11を参照）。

2. 古代トル語（オルホン碑文）自動詞から他動詞が形成される傾向を持つ（2.2節と表10-11を参照）。さらに、形態的派生の方向性の傾向は主語の有生性に基づいて変化する（2.1節を参照）。言い換えると、トルコ語が本当にチュルク諸語のなかで類型論的な典型的特徴を示しているかどうかは探求する価値がある。

　Haspelmathの研究の目的は、その副題が示すように起動態と使役態を対照することであった。Nicholsの研究は他動詞化のプロセスを自動詞化のプロセスと対照することを目的とした。本論でのトルコ語辞書の調査での他動詞ペアの定義はNicholsの研究と類似している。つまり本論では、反使役化とは自動詞化の下位分類であると考える。したがって、他動詞化の定義が変わるなら、調査の結果も変わるのである。

　Comrie（2006）によると、ある言語の他動性の輪郭は通時的には相対的に安定しているという。ハラジ語を含むイランのいくつかのチュルク系諸言語の文法構造と語彙構造はイランの公用語であるペルシア語からの著しい影響を受けてきた。本論で調査したオルホン・トルコ語とハラジ語の他動性の輪郭の高程度さは顕著であり、そのことは言語類型論の歴史的研究にもいくつかの手がかりを提供してくれるかもしれない。

付録. トルコ語とハラジ語の18個の動詞ペア

トルコ語	ハラジ語	トルコ語	ハラジ語
1. gül- (笑う)	kül-	güldür- (笑わせる)	kültür-
2. öl- (死ぬ)	höl-	öldür- (殺す)	höler-
3. otur- (座る)	yor-	oturt- (座らせる)	yortur-/yotqar-
4. ye- (食べる)	yé-	yedir- (食べさせる)	yétir-
5. öğren- (学ぶ)	örgen-	öğret- (教える)	örget-
6. gör- (見る)	kör-	göster- (見せる)	körset-
7. kız- (怒る)	qız-	kızdır- (怒らせる)	qıztır-
8. ürk- (恐れる)	hürk-	ürküt- (怖がらせる)	hürküt-
9. gizlen- (隠れる)	késhin-	gizle- (隠す)	késhit-
10. kayna- (沸く)	qéyne-	kaynat- (沸かせる)	qéynet-
11. yan- (焼ける)	yaq-	yak- (焼く)	yaqtur-
12. kop- (壊れる)	qop-	kopar- (壊す)	qopar-
13. açıl- (開く)	haçul-	aç- (開ける)	haç-
14. kuru- (乾く)	qurru-	kurut- (乾かす)	qurrut-
15. doğrul- (まっすぐになる)	toğrul-	doğrult- (まっすぐにする)	toğrult-
16. asıl- (吊される)	hasıl-	as- (吊る)	has-
17. çevir- (ひっくり返る)	çevir-	- (ひっくり返す)	çevrili-
18. düş- (落ちる)	tüş-	düşür- (落とす)	tüşül-

* 本論は日本学術振興会科学研究費補助金基盤研究 (C) No.24520467 の支援を受けている。この研究はまた、国立国語研究所共同研究プロジェクト「述語の意味構造の普遍性と類型論的変異」（プロジェクトリーダー Prashant Pardesi 教授）の研究成果の一部である。また、査読者のご丁寧な助言やコメントに感謝いたします。トルコ語の動詞ペアについてチェックしてくれた Seval Dirik さんにも感謝いたします。

第三部　チュルク諸語の研究

参考文献

Comrie, B. 2006. 'Transitivity pairs, markedness, and diachronic stability.' *Linguistics* 44.2, 303-318.

Ergin, M. 1988. *Orhun Abideleri (12. Baskı).* İstanbul: Boğaziçi Yayınları.

Haspelmath, M. 1993. More on the typology of inchoative/causative verb alternations. In: Comrie, B. and M. Polinsky (eds.) *Causatives and transitivity.* Philadelphia: John Benjamins Publishing, 87-120.

Jacobsen, W. 1990. *The Transitive Structure of Events in Japanese.* Tokyo: Kurosio Publishers.

Kuribayashi, Y. 2011. Turkological studies in Japan: Past and Present. In: *Orhon Yazıtlarının Bulunuşundan 120 Yıl Sonra Türklük Bilimi ve 21. Yüzyıl konulu 3. Uluslararası Türkiyat Araştırmaları Sempozyumu.* Ankara: Türk Dil Kurumu, 523-530.

Nichols J., David A. P., and Jonathan, B. 2004. Transitivizing and detransitivizing languages. *Linguistic Typology* 8-2, 149-211.

竹内和夫 1990.『トルコ語辞典』東京：大学書林

Tekin, T. 2010. *Orhon Yazıtları (4. Baskı).* Ankara: Türk Dil Kurumu.

7. トルコ語、チュルク諸語および日本語における主語と主題 *

7.0 序

　主語の概念は主語が述語と一致するので、一般的にはチュルク諸語において容易に認定することができる。文法的一致は他の斜格的な項から顕著な項を区別する重要な仕組みである。ほとんどのチュルク諸語は文法的主語の一致が、その述語に表示されるという仕組みを備えている。主語表示とは対照的に、主題表示は文内あるいは文間の現象に関わるものであるが、一般的にチュルク諸語にはみられない。しかし、膠着的形態構造と主要部後置型の構成素順序を持つアルタイ型の諸言語に目を向けると、例えば、いくつかの言語においては主語表示と主題表示を許す言語もある。日本語はそのような言語のうちの1つで、形態論的に表示された主題を許す。主題表示の存在は、二重主語構文や二重主題構文などさまざまな文法現象と関連し、そこでは2つ以上の名詞要素が同時に主題表示されることもある。

　チュルク諸語では主題表示が一般的にないことを考えると、日本語のようなアルタイ型の諸言語の主題表示の本質的な要因を探求するのは有益である。そうすることで、トルコ語やチュルク諸語において、なぜ主題表示を欠くのかという研究課題の探求と同時にそのことがチュルク諸語の言語類型論に及ぼす効果を解明することができる。本論の構成は以下のようになる。

　1節では日本語の主題化表示の一般的な特徴について述べる。2節ではチュルク諸語にみられる近隣諸言語からのコピーである主題表示について、それを支持する言語データとあわせて報告する。3節では、主題表示に関わる文法現象が提示される。4節で本論での議論をまとめる。

7.1 主語と主題

　主語卓越型言語と主題卓越型言語の概念は言語類型論の観点から導入された（Li and Thompson 1976参照）。主語と述語間の一致を許すチュルク諸語は明らかに主語卓越型言語の範疇に入る。日本語は形態的に *ga* で表示される主語と、形態的に *wa* で表示される主題の両方を持つ。したがって、Li and Thompson 1976の用語によると主語卓越型言語でかつ主題卓越型言語に属する。下は代表的な例である。

(1) a. Fil-in　　　　burn / hortun-u　　　uzun (-dır).　　　Turkish
　　　elephant-GEN nose /trunk -POSS.3SG long-MOD
　　　'The elephant has a long trunk.'

　　b. Fil,　　　　burn /hortun-u　　　　uzun bir hayvan (-dır).
　　　elephant nose / trunk-POSS.3SG long one animal-MOD
　　　'The elephant is an animal that has a long trunk.'

　　c. Zoo-wa　　　　hana-ga　　　nagai doobutu-da.　　　　Japanese
　　　elephant-TOP nose-NOM long animal-MOD
　　　'The elephant has a long trunk.'

　　主題性については、2種類の主題；つまり談話の主題と文の主題が区別されな
ければならない。主題化された要素が文法的な方略によって表示されるかどう
かは、その言語の言語学的な特徴づけに依存する。いくつかの言語では、文の主
題に対して特別の主題表示を表す傾向があるが、他の言語では談話上の主題に
対して統語的な左方転移の方略を持つ。前節で述べたように、トルコ語は主題化
標識としての特別な形態的表示を持たない言語である。文中の主題性を表示す
る必要がある場合は、(1b) に示されるように、主題化される要素は左の周辺位
置 (左方転移) に置かれ、その主要な要素の後には音声的な休止を伴う。(1b) は
生起頻度の観点からすると極めて有標な構造で、一般的には (1a) のような所有
構造が (1b) の代わりに用いられる。トルコ語とは対照的に日本語の最も顕著な
特徴は、下例のように主語表示や主題表示の形態的な繰り返しが許される点に
ある。

(2) a. Zoo-ga　　　　hana-ga　　　nagai doobutu-da.　　　　Japanese
　　　elephant-NOM nose-NOM long animal-MOD
　　　' (Among animals,) the elephant has a long nose.'

　　b. Zoo-wa　　　　hana-wa nagai.
　　　elephant-TOP nose-TOP long
　　　'The elephant has a long nose (among its body parts).'

　　c. *Fil,　　　　burun / hortun uzun bir hayvan (-dır).　　Turkish
　　　elephant-NOM nose-NOM　　long one animal-MOD
　　　'The elephant has a long nose.'

主題の概念を明確にするためには、チュルク諸語や日本語を含む他のアルタイ型の諸言語における主題に関わる通言語的な変種を理解する必要がある。

表1　アルタイ型の諸言語における主題の実現

	言語		主語との一致
顕在的主題表示	日本語 (wa)	朝鮮語 (nun/un)	なし
擬似的主題表示	日本語 (toieba)	モンゴル語 (bol)	なし
	ウイグル語 (bolsa)	トルコ語 (ise)	あり
ゼロ主題表示	トルコ語　ウイグル語 (ゼロ表示の主語＋休止)		あり

後の議論に関連する代表的なウイグル語の例は次のようになる。

(3) a. Bugün bolsa, hawa bek yaχši.　　擬似的主題表示
　　　today as for weather very good
　　　'As for today, the weather is very good.'
　 b. Xemit, yaχši oqutquči (dir).　　ゼロ主題表示
　　　Hamid good instructor (MOD)
　　　'As for Hamid, he is a good instructor.'　　Hahn (1998: 394)

表1はそれぞれのアルタイ型言語における代表的な主題表示の実例を示しているが、それらすべての例の形態的表示は接語として実現している。機能主義的構文論によると、文中の一番左の要素は主要部後置型言語において主題化された要素の基本的位置である。日本語も朝鮮語も形態的に顕在的な主題表示方略を持つ特徴が顕著であるが、文中のすべての名詞句に主題表示方略が適用される。つまり、主題表示がされるかどうかの選択は、ほとんどすべての名詞や節の表現に要求される。対照的に、ここでいう「疑似主題化表示」はすべての名詞や節の表現に要求されるわけではない。疑似主題表示や左方転移の方略は、文中で主題性を表現する必要がある場合のみ用いられる。文頭位置を占める主題化要素に加えて、ほとんどすべてのアルタイ諸言語はこの方略 [疑似主題化表示] を用いる。休止が後続するゼロ主題表示は、チュルク諸語にみられる一般的な方略である。チュルク諸語において、主語は述語との一致により容易に認定される。つまり、主語のための接語のような特別な表示や格はない。主題と主語の区別がある

言語が主語と述語の一致を欠く一方で、主題と主語の区別がない言語は主語と
述語間の一致を持つことは重要な点である（主語と述語の一致を持たないにも
かかわらず、顕在的主題表示をもたないモンゴル語は例外的である）。これらの
事実は、主語の認定は形態的な主題表示に関係するという機能主義的な説明に
道をつけるものである。

7.2　チュルク諸語の顕在的主題表示

　表 1 に示したように、これまで、ほとんどのチュルク諸語は顕在的な主題表
示を持たない言語と考えられてきた。しかし、すでに指摘したように、いくつか
のチュルク諸語は近隣の諸言語との言語接触による影響で形態的に顕在的な表
示を保持しうる（Kuribayasi 2012 参照）。チュルク系のカシュカイ語はそのよう
な言語の 1 つで、イランの南東部のファルス地方で話されている言語である。カ
シュカイ族は遊牧民や半遊牧民のトルコ系民族で、オグズチュルクグループの
末裔であると考えられている。本節ではこの言語では主題表示のマーカーを持
つことを支持する追加的証拠を提示する。カシュカイ語の民話（Dolatkhah 2016,
引用例のグロスは筆者による）において主題化された名詞がどのように実現さ
れるかを検討する。カシュカイ語の主題表示は先行する主名詞の語末子音や語
末母音に応じて *-yaki* と *-aki* に交替する。*-aki* の語末母音はそれが付加する主名
詞の語末母音の後舌性に応じて i か ï に交替する。カシュカイ語は一般的に左方
転移を伴う擬似的主題表示 *-ki* (that) を用いるが、それはペルシア語の統語法の
コピーであると考えられる（Windfuhr 1979 参照）。名詞、句あるいは節のカテゴ
リーは *-ki* を伴い左方転移することができる（14 あるいは 15 を参照）。カシュカ
イ語の主題表示に特化した特徴とは、それが名詞語幹のみに付加し、他の文法カ
テゴリーには付加しないようにみえることである。格表示などの名詞の曲用は
(5) の *kücig-aki-ni* (little one-TOP-ACC) や (11) の *deräxt-aki-niŋ* (tree-TOP-GEN)
のように *-aki* に後続する。(9) の *bu qïz-aki* (This girl-TOP) にみられるように、定
性もまた、それを修飾している先行する代名詞的要素により表される。*-aki* は定
冠詞のように定表示を表すと考えられるかもしれないが、その分布からは、その
ような結論づけるための十分な根拠があると思えない。常にではないもののほ
とんどの場合、カシュカイ語においては談話上の主語により占められる、左方転
移された名詞に *-aki* は付加される。*-aki* を伴う名詞は、談話を通した特定の名詞
を指し示すのである。例えば、本論で検討した短編テクストは全 8 ページの分量

であるが、その中で-aki で表示された名詞は全部で12回出現した。このことは、-aki はカシュカイ語において定性を表示する唯一の手段であることを意味している。aki- で表示されたほとんどの名詞は *küčig-aki*（the little one）や *Qez-akï*（the girl）や *deräxt-akï*（the tree）のように、談話中の特定の名詞を常に指示しているのである。

(4) Illar gäčdi yo oɣullar beyg ollu, här birisi bir närrä igid bowalarïna dästyar ollular.
years passed and boys grew up each one a robust young man to their father do service

O küčig-aki, yanoɣul la beygi ollu väli boybalasï älä yan qallï. p.28
that little one-TOP half-boy too grew up but its size here half remain
「年月が過ぎ去り、その男の子は成長し、それぞれが立派な若者になり、父親に仕えていた。一番下の息子、「半分の息子」も成長したが、他の兄弟の半分の背丈であった。」

(5) Onlar gälillär, o beš igid kaka; küčig-aki-ni, yanoɣulu adam hesab edmellärimiš.
they came that five big brother little one-TOP-ACC half-boy man consider did not
p.28
「彼ら、つまり5人の大きな兄がやってきた。一番小さい息子「ちび息子」はどうかというと、他の兄弟は問題にしなかった。」

(6) ...baɣlardan mivä yeyällär tä etišällär alabärzäɲi qähläsinä.
from orchards fruit they eat until arrived to the castle

Qählä-yaki bir baɣ ortasïnnaydi. p.28
castle-TOP a orchard in the middle
「（かれらは）アラバルザンギの城に着くまでに果樹園の果物を食べた。その城は果樹園の真ん中にあった。」

(7) Diviɲ qïzï dä bun issïnnä gezčiydi. Oɣullar ki baɣa girdilär
demon's daughter also roof standing guard was boys that to orchard entered

113

qïz-akï čeγerdi "bowa, yel gälir yäγïš gälir tifan gälir... p.28

girl-TOP shouted father wind come rain come cyclone come

「悪魔の娘もまた城の屋根で立つ門衛であった。兄弟たちが、果樹園にはいると、女の子は叫んだ。「お父さん、風が吹き、雨が土砂降り、嵐が渦巻く」」

(8) Qez-akï bowasïna, bu šähriŋ šahïna, xäbär verillär ki bir beläyin igid bulunnu...

girl-TOP her father this city's king informed that a such brave man appear　p.31

「彼らは娘の父親、つまりその町の王様に若き勇敢な男が現れたと知らせた」

(9) Burda, bu qïz-akï yanoγula aššïγ olmusdu dedi "här yerä gedäŋ gälläm beläŋi here this girl-TOP with half-boy fell in love said to every place you go I will come bullam. p.31

I will find you

「「ちび息子」とすでに恋に落ちた王女はつぎのように言った「あなたがどこに行こうとも、私はそこに来て、あなたをみつける」」

(10) O deräxt-akï qabïγï yadïna gälli onu vurdu suya... p.33

that tree-TOP the bark to his memory came it hit water

「かれはその木の樹皮を覚えていて、それを川の水に投げ入れた。」

(11) Yanoγul gedär o deräxt-akï-nïŋ bärginnän čäkär onlariŋ gezlärinä, p.33

half-boy go that tree-TOP-GEN from leave pick up their to eyes

「ちび息子は木から折った葉っぱで目に触れ (そして花で顔に触れ)」

(12) Onna o deräxt-akï miväsini torbäsinnän čaxardïr o yeyär; p.33

to him that tree-TOP fruit from bag pick up he eat

「そして、その木から果物をとって食べた…」

(13) Onna o deräxt-akï aγajïynan här biriniŋ bašïna bir zärbä vurur varïsï däli olullar.

then he tree-TOP from woodstick every one's to head one strike hit all mad became p.33

「そして、その木からとった木の枝で、かれらのそれぞれをひっぱたくとかれらは気が狂った。」

(14) Yano γ ul ki o sährdän čïxdï qez-akï qerx gin qerx gejä muniŋ därdinnän half-boy
that that form city go out girl-TOP forty days forty night from pain

nä yedi nä yatdï tä märez ollu dušdu. p.33
neither eat nor sleep in order to sick became fell
「ちび息子が町を離れると、その娘は痛みから40日昼夜問わず食べも飲みもできず、寝ることもできず病気になった。」

(15) Billilär ki qez-akï Yano γ ul därdinnän bu ginä dušmuš. p.33
they found that girl-TOP half-boy from pain this to day fell
「かれらは彼女がチビ息子と恋に落ちたことを理解した。」

-aki の起源はいまのところ明らかではない。イランの孤立したチュルク系言語であるソンコル・トルコ語も定性を表す類似した形式の -aka を持つが、近隣のクルド語からのコピーであると報告されている（Bulut 2004 参照）。しかし、カシュカイ語の -aki と -aka の関係はまだ確立されたものにはなっていない。したがって、正確なコピーの方向性や関係は推測の域を出ない。

7.3 文の主題

　ほとんどのチュルク諸語には主語と主題の形態的な区別がないので、文の主題という概念は容易に気づかれないし、十分に理解されているとは思えないようである。表1で導入した、擬似的主題表示やゼロ主題表示は談話的もしくは語用論的要求から主題化の方略が必要になるような特別なコンテキストにおいて用いられる。日本語のような顕在的主題表示を持つ言語では、形態的主題表示は談話的な主題でなくても用いられる。以下の例は目的語が叙述される状況における日本語のカテゴリー叙述を定式化したものである。

(16)［主題（対象の表示された部分＋叙述（カテゴリー的性質の表示される部分）]

主題部分と述語部分の2つの部分から成る構造は互いに依存しており、それ故、外心構造を形成する。属性という概念は内在的性質を表わす場合と非内在的性質を表わす場合に分けられる。前者はアオリストや一般的真理の場合のように時間や時制に制限されないが、後者は時制により制約を受ける（益岡2008参照）

(17)　Ano hito wa / *ga yasasi-i.　　　　内在的性質
　　　 that person TOP / NOM kind-PRS
　　　 「あのひとは (いつも) やさしい。」

(18)　Ano hito wa / *ga isogasi-i.　　　　非内在的性質
　　　 that person TOP NOM busy-PRS
　　　 「あのひとは忙しい (一時的に)」

主題表示*wa* は (17) や (18) のように、対象の性質を述べるのにもっとも適切である。主語表示は問題の対象が他の何かと対比的に言及される場合のみに許される。述語の内在的性質はアオリストの場合のように、時制を超越する状況に関わるのに対し、述語の非内在的な性質は出来事の一時性に関わる。トルコ語の対応形式はこれらのような区別を持たず、それ故、意味が曖昧になる。*her zaman* (いつも) あるいは *şu anda* (一時的に) のような副詞的表現がそれぞれの意味を明示する手助けとなる。

(19)　O kişi (her zaman) nazik (-tir).　　　内在的性質
　　　 that person always kind-MOD
　　　 「あのひとは (いつも) やさしい。」

(20)　O kişi (şu anda) meşgul (-dur).　　　非内在的性質
　　　 that person temporarily busy-MOD
　　　 「あのひとは忙しい (一時的に)」

形態的主題表示の代わりに、トルコ語を含む多数のチュルク諸語はコピュラ的なモーダル表示*-DIr*（大文字は同化により交替する）を持ち、それは*-turur* (立つ) に起源がある。口語において*-DIr*は、強調や多くの場合、推測を示す (Lewis 1991: 97参照)。Göksel and Karslake (2005) では*-DIr*を伴う2種類の名詞を区別している。すなわち、一般化モーダリティと反実モーダリティ (想定) ということに

なる。-*Dlr*を伴う名詞的文の一般化モダリティの機能とは次のようなものである。

(21) One of the functions of the generalizing modality marker -Dlr in a nominal sentence is <u>to define or classify a subject, or to ascribe certain permanent qualities or inherent characteristics to it.</u> However, this usage of -Dlr is nowadays largely confined to formal language.

Göksel & Karslake（2005: 341、下線部は筆者による）

上述に関連する例は次のようになる。

(22) Antropoloji, [insan topluluklarını inceleyen] bir bilim- (dir).
Anthropology human communities study a science-MOD
「文化人類学は人間の共同体を研究する科学である。」

Göksel & Karslake（2005: 341）

-*Dlr*を伴う名詞文のもう1つの機能とは、次のように反実の可能性判断に関わるような「見込み」を表示することである。

(23) Yorgun-sun-dur.
tired-2.SG-MOD
「君は疲れているに違いない。」

Göksel & Karslake（2005: 546）

明らかに、「ある種の恒常的特質」あるいは「内在的特徴」として記述される内在的性質は(19)の一般的（コピュラ的）モダリティ表示-*Dlr*に関連している。

次に非内在的性質に目を向けると、-*Dlr*はそれぞれ(20)と(23)に関わる一時性や見込みを表している。このように、トルコ語の名詞文における内在性あるいは非内在性の概念は名詞的述語の状態性に依存しており、そこでは内在的性質がより状態的な述語に関わり、非内在的性質がより動的な述語と関わる。

表2　トルコ語の-DIr を伴う述語の内在的性質

| 内在的性質 | 状態的述語 + DIr | 一般的モダリティ |
| 非内在的性質 | 動的述語 + DIr | 反実モダリティ |

次に対照的な問題に目を向けると、日本語のような顕在的な主題化言語は (17) や (18) のように、主題で表示された名詞の属性を表すために形態的な主題化表示を用いる。これに対して、トルコ語のようなゼロ表示主語の言語では主語の形態的表示の欠如を補うために文末位置にコピュラ的なモーダル接辞を用いる。トルコ語において、ゼロ表示主語がコピュラ的な-DIr と述語の関係を確立するとするためのさらなる証拠は次の例にみられる。

(24)　iki artı üç eşit * (-tir) beş.　　　論理的帰結
　　　two plus three equal-MOD five
　　　「2 + 3 = 5」

(24) のような論理的帰結を表すために-DIr がしばしば付加する。

(25) a. Yaman bir adam-dır.　　　無標の語順
　　　 remarkable one man-MOD
　　　 「彼は素晴らしい人物だ。」

　 b. O, yaman bir adam.　　　左方移動された主題
　　　 he, remarkable one man
　　　 「彼は素晴らしい人物だ。」

　 c. Yaman bir adam, o.　　　後置された主題
　　　 remarkable one man he
　　　 「彼は素晴らしい人物だ。」

Lewis (1991: 97)

(25b) と (25c) の例は、(25a) から統語的な転移 (左方移動のこと) により派生される。表1で導入したゼロ主題表示は (25b) で用いられている。(25c) の例は、ロ

語でみられる後置された主題の構文である。これらの例はすべて、トルコでは文中の無表示の主語はコピュラ的なモダリティ表示-*DIr*により叙述されるという仮説を支持している。顕在的な主題表示言語では、文中のいかなる要素も左の周辺的位置に移動することができる。このような形態的手段を持たないチュルク諸語では左方の周辺的位置に移動させるのが容易なことではない。この相違点はこれらの言語における受身化の適用可能性にも反映している。(26)と(27)にみられる対比を観察してみることにする。

(26) a. Anne-baba çocuğ-a anahtar ver-di.　　　トルコ語
parents child-DAT key give-PST
「両親が子供に鍵を与えた。」

b. *Çocuk ise, anne-baba anahtar ver-di.
child as for parents　key give-PST
「子供は、両親が彼ら/彼女らに鍵を与えた。」

c. *Çocuk anne-baba tarafından anahtar ver-il-di.
child parents　　by　　　key give-PASS-PST
「鍵が両親から子供に与えられた。」

d. Çocuğ-a anne-baba tarafından anahtar ver-il-di.
child-DAT parents by　　　key give-PASS-PST
lit.「子供に両親によって鍵が与えられた。」

(27) a. Oya wa kodomo-ni kagi-wo watasi-ta.　　日本語
parent TOP child-DAT key-ACC give-PST

b. Kodomo wa, oya-ga kagi-wo watasi-ta.
child TOP parent-NOM key-ACC give-PST

c. Kodomo wa oya-ni kagi-wo watas-are-ta.
child TOP parents-by key-ACC give-PASS-PST

(26a) の例は、三項動詞 *ver-*（与える）の能動文である。(26b) で与格が表示された名詞 *çocuk*（子供）は擬似的主題表示と左方転移を利用して主題化されているが、結果は非文法的である。(26c) が示すようにトルコ語では、与格表示された間接目的語は主語に昇格することが許されない (Kornfilt 1997: 324 参照)。例文 (27a-c) はそれぞれ日本語の対応形式である。(27b,c) では与格で表示された名詞を受格で昇格させ、顕在的な主題表示して左方に移動することが可能である。これらの例は、日本語において左方移動を伴う顕在的な主題表示が主語の昇格の機能の一部を担うことを明確に示している。日本語とは対照的にゼロ主題表示言語であるトルコ語では、左方移動の実施は限定的である。(26d) のように文法関係が格表示により適切に表示される場合にのみ限って、主題化が可能になる。これらの言語間の対比は、第二言語として日本語を学ぶトルコ語学習者が受動文を過剰に使用する傾向が観察されることも部分的に説明する。残念ながら、この問題に関して、ここではさらに議論する余裕がない。

　ウイグル語やウズベク語では受身動詞が対格表示された目的語と同時に生じてもよい。

(28) a. Aš-ni yė-yil-gen.　　　　　　ウイグル語
　　　food-ACC eat-PASS-PFT
　　　「食べ物が食べられた。」

　　b. Čảy-ni ič-il-di.　　　　　　ウズベク語
　　　tea-ACC drink-PASS-PST
　　　「お茶が飲まれた。」

　　　　　　　　　　　　　　　　　　　　　　(Johanson 1998: 55)

これらの例では、抑制された行為者を伴う受身が、定の対格による直接目的語の主題化と結び付いている。これらの場合には、目的語が主語になる昇格よりも主題化が卓越しているといえる。ウイグル語とウズベク語の両方において、主題化の役割はトルコ語の場合よりもより重要であるようである。チュルク諸語間にみられるこれらの相違は、西のチュルク諸言語（例えばトルコ語）と東のチュルク諸言語（例えばウイグル語）の空所がない関係節における関係節化の適用可能性にも関連しているようにみえる (Kuribayashi 2012 参照)。言い換えると、与え

られた文において、文法関係の表示の厳密度はチュルク諸語が話されている地域を西から東に行くにつれて緩和されるのである。さらなる調査は将来の研究に委ねられる。

7.4　結論

　本論での結論を短く次のようにまとめることができる。

1) アルタイ型言語の主題の現れ方について3種の分類を提案した (表1参照)。
2) カシュカイ語において談話的主題のマーカーが存在することを主張する追加的な言語学的証拠を提示した。
3) チュルク諸語には一般的に顕在的な主題表示がないが、言語接触により周辺の非チュルク系諸言語から形態的方略が容易にコピーされうる。
4) トルコ語には顕在的な主題表示がないにもかかわらず、日本語とは対照的に、主語とコピュラ的述語の間の補完的な方略が、対象となる名詞の内在的性質を表すために積極的な役割を果たすことを示した。

次に、最初に掲げた問題点である「なぜトルコ語およびチュルク諸語は主題表示がないのか」ということと、それがチュルク諸語の類型論に及ぼす結果について考える。本論でのこれまでの議論と上記の4) の結論はこれらの問題点の解決に貢献するであろう。このように、主題表示の現象の解明のためには、チュルク諸語内での類型論と、形態的にアルタイ型である諸言語とチュルク諸語の対照研究の重要性を強調するものである。

* 本研究は日本学術振興会　科学研究費補助金　基盤研究 (C) No.16K02676 の援助を受けている。

略記号

ACC: 対格, AOR: アオリスト, DAT: 与格, GEN: 属格, LOC: 位置格, MOD: モーダル, NOM: 主格, PASS: 受身, PFT: 完了, PST: 過去, POSS: 所有, PRS: 現在, SBJ: 主語, SG: 単数, TNS: 時制, TOP: 主題, 1: 1 人称, 2: 2 人称, 3: 3 人称

参考文献

Bulut, Christiane. 2004. Iranian influences in Sonqor Turkic. In: Csató, É. Á., B. Isaksson and E. Jahani (eds.) *Linguistic Convergence and Areal Diffusion: Case studies from Iranian, Semitic and Turkic*, 241-270. London and New York: Routledge Curzon.

Dolatkhah, Sohrab. 2016. *Qashqay Folktales*. CreateSpace Independent Publishing Platform.

Göksel, Aslı and Kerslake Celia. 2005. *Turkish: A Comprehensive Grammar.* London and New York: Routledge.

Hahn, Reinhard. 1998. Uyghur. In: Johanson, Lars. and Éva Á. Csató (eds.) 1998. *The Turkic Languages,* 379-396. London & New York: Routledge.

Johanson, Lars. 1998. The structure of Turkic. In: Johanson, Lars. and Éva Á. Csató (eds.) 1998. *The Turkic Languages,* 30-66. London & New York: Routledge.

Kornfilt, Jaklin. 1997. *Turkish.* London: Routledge.

Kuribayashi, Yu. 2012. *Grammaticalized Topics in Kashkay: The Implication for the relativization of Turkic languages.* In Kincses-Nagy, É, and M. Biacsi (eds.) The Szeged Conference. Studia uralo-altaica 49, 311-318. Szeged: University of Szeged.

Li, Charles N. and Sandra A. Thompson. 1976. Subject and Topic: A New Typology of Language. In: Charles N. Li (ed.). *Subject and Topic,* 457-489. New York: Academic Press.

Lewis, Geoffrey. 1991 [1967]. *Turkish grammar.* Oxford: Oxford University Press.

益岡隆志. 2008.「叙述類型論について」. 益岡隆志 (編)『叙述類型論』, 3-18. 東京：くろしお出版.

Masuoka, Takashi. 2016. Topic and subject (Japanese version). In: Masayoshi Shibatani, Shigeru Miyagawa and Hisashi Noda (eds.) *The Handbook of Japanese Syntax.* Mouton de Gruyter.

Windfuhr, Gernot. 1979. *Persian grammar.* Trends in Linguistics. Paris, New York: Mouton.

8. ガガウズ語を話す人々

8.0 序

　トルコ語をはじめ多数のトルコ系言語はSOV語順をとるなど日本語と文法構造がよく似ていることで知られている。これに対してガガウズ語はトルコ語と同系でありながらSVOの基本語順をとり、またその他の多数のトルコ系民族とは異なり、キリスト教徒のトルコ系民族としてユニークな存在である。しかし距離的に近いトルコ共和国のトルコ人に尋ねてみてもガガウズ人のことを知るひとは多くない。

8.1 居住地

　キリスト教正教徒であるガガウズ人はモルドバ南部をはじめとして、ブルガリア、ウクライナ、カザフスタン、ウズベキスタンおよびトルコにも居住している。このうち中央アジアのガガウズ人は20世紀初頭の移住によるもので、トルコに住むガガウズ人はソ連崩壊後の出稼ぎによるものである。さらにブルガリアでは黒海沿岸部のバルナ近郊を中心にガガウズ人の村が散在する。

8.2 ガガウズ人の歴史

　黒海北方から来たトルコ系民族のペチェネク、ウズ、クマン族が居住していたバルカンは12世紀後半にアナトリアのセルジュク－トルコ人も居住するようになった。ドブルジャ（現在のブルガリア黒海沿岸地域）に移住したセルジュク－トルコ人の一部は再度アナトリアに戻ったが、ドブルジャに残留した者はキリスト教に改宗した。ガガウズ人はドブルジャをはじめとしバルカンのさまざまな地域で居住していたが、18世紀半ば、ブルガル人の圧力やロシア人の煽動もあり、もとの故地を後にしてベッサラビア（現在のモルドバ）への移住を始めた。ベッサラビア地域は1947年にロシア領となりモルドバ自治共和国の一部となった。モルドバ共和国が1991年に独立を宣言したのに引き続き、モルドバ南部は"ガガウズ人の地"という名の自治区となった。モルドバ共和国の一部であるガガウズ人自治地区の公用語はガガウズ語、ロシア語、モルドバ語（ルーマニア語の方言）である。

8.3　宗教

　以前は他のテュルク系民族と同じく天空の神を信仰していたガガウズ人はとくにビザンツ帝国の影響のもとキリスト教（正教）を受容した。ガガウズ人のキリスト教の形態にはさまざまな混合的様相が認められる。例えばマニ教の延長であるとみられる宗教用語をはじめ、イスラムおよびイスラム以前のトルコ人の宗教システムの痕跡を認めることができる。例えばキリスト教であるにもかかわらず *Allah*（神）, *Oruč*（断食）などイスラム教の宗教用語をそのまま取り入れている。祈祷の際の言語もガガウズ語でおこなう。

8.4　ガガウズ語

　ガガウズ語はテュルク（チュルク）語諸方言のなかの南西（オグズ）グループに分類される。南西グループにはガガウズ語の他に、トルコ語、アゼルバイジャン語、トルクメン語などが属している。バスカコフによるとガガウズ語とは、オグズグループの一分派としてカスピ海北方より黒海北方沿岸と南ロシア平原を西方へ移動し、ドナウ川の下域で定住し、さらにはマケドニアまで広がる地域で居住するガガウズ－トルコ人によって話されている言語であるとする。ルーマニア語に基づくラテン文字が考案された一時期を除いて1957年にキリル文字によるガガウズ語の文字が考案されるまでガガウズ人は、独自の文字を持たなかった。そして旧ソ連崩壊後にラテン文字へ移行した。

8.5　ガガウズ人の生活

　ガガウズ人の多くは畜産、果樹園やワイン、タバコ、ひまわり油の製造などの農業に携わっている。また、近年では周辺の国々への出稼ぎも多い。忘れてはならないのは、モルドバにおいてはガガウズの文化を伝えるために貢献した数多くのガガウズ人の知識人がいることである。学校の教科書には、ガガウズ語で書かれた詩や伝説などと共に、このような人々の紹介に多くのページが当てられている。ガガウズ人はキリスト教徒であるにもかかわらず、多くの習慣や伝統の面でアナトリアのトルコ文化をはじめユーラシアに広がるテュルク世界に通じる豊かな文化的側面を留めている。ここでは、その中のいくつかを紹介したい。例えば、十字架とは別に、お守りを持つ習慣があるのはイスラム教徒と似ている。また健康や願掛けのため必要があるときに神の名のもと生贄を捧げる習慣がある。この生贄となる動物には特別な地位が与えられる。他の動物とは別に育

てられ、狼にさえも食べられないと信じられている。新しく家を新築した場合、雄羊が葬られ、これを行わずに家に入ることは縁起が悪いとされる。また、生家で一番下の兄弟が最後まで残り、上の兄弟は結婚し家を建てて外に出て行くという伝統は広くテュルク世界でみられる伝統であるという。また、広く親しまれているテュルク (Türkü) と呼ばれる弾き語り音楽をはじめ、ガガウズのさまざまな口承文学にもアナトリアから中央アジアにかけて分布しているストーリーとの間に多くの類似点が認められる。そして、最後に最も特徴的なのは客に対してもてなし好きであるということである。来客があったときには家の一番いい部屋が客に対して割り当てられる。

　ある雑誌の記事でトルコのイスタンブルで短期間働いて過ごしたことのあるガガウズ人女性が、トルコ人とガガウズ人の比較をしながら次のように述べている。「トルコ人はいい生活をするためにたくさん働かなくてはいけません。私たちのところでは働き者も怠け者もあまり関係ありません。トルコとは生活に対する価値観が違いますね。」また気質の違いも大変興味深い。「トルコ人は陽気で社交的ですが、私たちは内向的です。トルコ人はおしゃべりで、喜びをはっきりと表現しますが、私たちは思ったことをすぐに口にしません。トルコ人はとても陽気で楽しそうですが、私たちはすぐになんでも『わからない』とか『みたことがない』といってしまいます。ですから、いつまでたっても問題を解決できないのです。ここではだれもが感情を表に出さないのです。反応がないのです。皆、口を硬く閉ざしているのです。」ガガウズ人のとてもシャイな一面がみてとれる。

8.6　ガガウズ語の現在おかれている状況とこれから

　モルドバのガガウズ人は総人口の国全体のなかに占める割合が約3パーセントであるにも関わらず、ガガウズ人自治区を得たおかげで、言語や文化を伝えていく活動が盛んである。1996年よりガガウズ人の学校では公的にラテン文字に移行し、学校教育の一部でガガウズ語が教えられている。ラテン文字でかかれた教科書もあり、積極的に若い世代に伝えようとする意気込みが感じられ、恵まれた状況にあるといえる。家庭内では中高年層は第一言語としてガガウズ語を使用している。若年層でもかなり流暢に使えるものもいる。ロシア語とガガウズ語の二言語併用の状況が続いている。これに対して、ブルガリアのガガウズ人コミュニティでは中高年層のガガウズ語でさえかなり厳しい状況で、普段もブルガリア語を使うことが多いという。孫の世代ではガガウズ語が使えるものはほ

とんどいない。しかもモルドバのように学校教育で子供たちに言語を教えるという試みもない。ブルガリアのガガウズ語が絶滅してしまうのは時間の問題であると思われる。しかしことばは失われつつあるものの、ガガウズ人としての強い自己意識を持っており、モルドバほど盛んではないが、ブルガリアでも自分たちの文化についての保存の努力や、民族学的な研究をする若者もいる。

（岡山大学文学部／言語学）

コラム　　　Column

話者数

ガガウズ人の総人口を明確に示すことは不可能だが、1989年の統計では旧ソ連領内のガガウズ人は197,738人とされる。ブルガリアではキリスト教徒であるが故にブルガリア人と認定され正確な統計がないが3万人前後との推定がある。

言語的特徴

語順はかなり自由で、トルコ語では変則的とされた語順はガガウズ語では普通に認められる。述語は文末ではなく文中さらには文頭にくることもある。*Vazgeçti*（忘れた）*cuvap*（答え）*etmää*（すること）"答えることを忘れた。"これらはロシア語などスラブ系言語の影響によるものである。同様の構造をブルガリアに居住するガガウズ人の言語にも、またいくつかのバルカンのトルコ語方言にも認めることができる。形態の面で特徴的なものにスラブ諸語から入ってきた *-ka/-yka* という女性を示す接辞を用いて *komşuyka*（女性の隣人）, *hacıka*（女性の巡礼に行ったひと）のように語形成を行う。ガガウズ人の祖先はカスピ海の北方でオグズ族の集団から分離したのち、ブルガル－キプチャク起源の単語に接触し、バルカンにやって来た。その後、オスマン－オグズ族と接触した。ガガウズ語はある面ではオスマン語、もう一方の面ではブルガル－トルコ語、キプチャク語、カライム語との類似点を持つ。民族の移動の痕跡は言語特徴にも現れ、具体例として借用や音韻変化の結果ではないとみられる長母音を保持している点やキプチャク語群にみられる口蓋化による子音調和の存在などをあげることができる。一番近いとされるトルコ語にもみられないこれらの諸特徴はそのルーツの多様性を示し、他民族との接触により保持するに至ったものである。トルコ語、アラビア語、ペルシア語の単語を借用すると同時に近年では近隣のギリシャ語、ブルガリア語、ルーマニア語、モルドバ語、ロシア語からも多くの単語を借用している。

簡単なガガウズ語の例

日常的に使われる高い頻度のことばにも外来語が使われる。
こんにちは　*seläm*（アラビア語）, よい *islää*, はい da（スラブ諸語）, いいえ *yok*

最後に、初めてラテン文字で書かれたガガウズ語の新聞を発行した新聞社のHPからガガウズ語で書かれた記事を読むことができる。
http://www.anasozu.com

9. バルト・スラヴ世界におけるチュルク系少数言語
－カライム語とガガウズ語－

9.0 序

　本論ではバルト・スラヴ世界の周辺的地域で話されているチュルク系言語であるカライム語と黒海周辺地域で話されているガガウズ語の形態・統語構造に主に注目して、スラヴ系諸言語との接触により発達するに至った諸特徴を取りあげる。特にカライム語は、チュルク諸語の中でも話者数が極端に少ない危機的少数言語として知られている（話者数は後述）。またモルドバ共和国やウクライナやブルガリアに分布するガガウズ語もチュルク諸語の中では少数言語の１つであるといえる（モルドバ共和国でガガウズ語を母語とする人数は2004年度統計137,774人[1]）。特にこれらの言語に注目する理由は、言語類型論的にOV語順が優勢な他のチュルク諸語の中で、この２つの言語はVO語順が優勢な言語として知られているところにある。両言語は地理的には、バルト海沿岸と黒海沿岸というように地理的に離れているが、なぜこれらの言語のみが、このような統語的特徴を持つに至ったのであろうか。例えばブルガリアにおいては、イスラム教徒であるバルカン・トルコ語の話者（2011年度の統計では、588,318人で全人口の約8％を占める[2]）が国内で二番目に多い話し手であるが、同じようにブルガリア語と共存する中で、なぜガガウズ語だけがVO語順が優勢であるという特徴を持つに至ったのか不思議に思われる。カライム語とガガウズ語の言語社会に共通する特徴は、非ムスリムの民族であることと、口語に基づく書記体系を近年まで持たなかったことにある。このような宗教文化的な固有の事情により、周辺のムスリム系のチュルク語話者から孤立し、独自の言語社会を発展させていったと推察される。本論では両言語を比較しながら、スラヴ系言語との言語接触によるチュルク系言語にみられる言語変化の一端を明らかにしたい。

9.1　リトアニアのカライム人

　リトアニアに居住するチュルク系民族は、主にイスラム教徒のタタール人とカライム人（Karaim）であるが、カライム人の末裔は1397年のクリミアでのモンゴル族の黄金のオルド（Golden Horde＝金帳汗国）への遠征後に、ポーランド・リトアニア王のヴィータウタス大公が380家族のカライム人を城の傭兵として連

れてきた時に遡る。バグダッドからビザンツ帝国を経てハザール帝国にまで達したカライム人の宗教は、クリミア半島から今日のウクライナ西部やリトアニアにまでカライム人が居住することで広がっていった。

　カライムという語はヘブライ語の「読む」という動詞に関係づけられ、ここでは「聖典を読むこと」の意味になる。カライム人の宗教は、9世紀にバビロニア（バグダッド）で成立し、広く中東に広まったとされる。タルムード等の口伝律法を認めず、ヘブライ語で書かれた旧約聖書のみに従うことを特徴としている。リトアニアのトラカイのカライム人は1441年には市民権を認められ、当時に自治区を形成することができたとされる。それ以来、農業や園芸、家畜業や手工業に従事し、徐々に中産階級に進出するようになった。さらにトラカイから、首都のヴィリニュスやポーランドの首都のワルシャワに移住した。2003年の報告[3]によると275人のリトアニアのカライム民族共同体の中でカライム語で読み書きと会話ができるカライム人は28人にすぎないとされる（ポーランドでは126人中、読み書きと会話ができるカライム人は11人、ウクライナでは2名）。

9.2　カライム語の言語的特徴

　カライム人の母語であるカライム語はトルコ系言語（チュルク語）の西キプチャクグループ（他にカラチャイ語、クムク語、クリミア・タタール語などがある）に属する言語であり、トラカイ方言、ハリチ方言、クリミア方言の3つの方言に区分される。リトアニアで話されているカライム語はトラカイ方言と呼ばれる西部グループに属しており、南部グループのクリミア方言との方言差は大きい。さらに、カライム語の置かれた環境より、ポーランド語やロシア語やリトアニア語などからの文法的、語彙的影響がみられる。カライム語はもともとヘブライ文字で書かれており聖書をカライム語に翻訳した手書きの文書が残されている。旧ソ連時代には、キリル文字が使用されていた。今日ではリトアニア語の正書法による宗教書や文学作品、初学者用の文法書などが出版されている。その正書法はそれぞれの地域により異なるが、昨今のインターネットの普及により、ポーランド、クリミアやトルコに在住のカライム人同士の交流も行われているようである。特に近年では、トラカイにおいて言語活性化運動にも力が入れられるようになり、毎年夏季に言語講習会なども開かれ、ポーランド、ロシアやウクライナからもカライム人が学びに来るという。

　カライム語の言語的特徴のうち、注目されるものは音韻、形態、統語、語彙等

の文法の全てにおいてみられるが、本論では特に周辺言語との言語接触による言語変容の中で際立ったものに限定して言及することにする。カライム語の音韻構造は /ü/ /i/ /e/ /ä/ /ö/ /ї/ /u/ /o/ /a/ の典型的なチュルク語の母音システムを持つ。また、音節の持つ素性である [+front] あるいは [−front] が弁別的になり超文節音素を成す。具体的には口蓋化として実現し、以下の語においては口蓋化の有無が音素的対立をなしている ; *kioź* [kjøzj] 'eye' vs. *koz* [koz] 'nut'。なお、このような口蓋化による子音の同化現象はガガウズ語にもみられる。これらを含めて、音節間の音素特徴について母音の前方性や円唇性 [frontness, roundness] についての調和がある点では典型的なチュルク語の性質を保持しているといえる。

　形態的特徴として、スラヴ語からの女性接辞をそのままコピー[4] していることをあげることができる ; *haver* 'friend' vs. *haver-ka* 'female friend'。文法的性（ジェンダー）を表示するために接尾辞を付加するが、このような女性接辞の付加はガガウズ語やバルカン・トルコ語にもみられる。また散発的ではあるが、文法的性のコピーは形容詞の語形変化にもみられる。一般的にチュルク諸語の形容詞は活用形を持たないが、以下の例では主語の文法的性に応じた語形変化がみられ、接触する言語からのコピーであるとされる。

　形容詞の女性形活用のコピー（散発的）

(1)　ol　　　　　è-di　　　　　　　inteligent-na.
　　 she　　　　COP-PST.3SG　　　intelligent-feminine
　　 'she was intelligent.'　　　　　　　　　　　　（Csató 2012）

カライム語の言語的特徴として最もよく知られているのは統語的特徴である。チュルク諸語の多くは、SOV の基本語順を持つが、カライム語の基本語順は SVO であるとされる。この点は、後述するガガウズ語も同じである。言語類型論でいう VO 的言語特徴は、修飾構造の語順や関係詞構造の有無など広義の修飾関係を形成する全ての分野に影響を及ぼす。しかし、この言語では修飾部と被修飾部（主要部）の語順においても従来の OV 的な修飾部−被修飾部（主要部）の語順に加えて、対称的な被修飾部（主要部）−修飾部の語順も許される。その場合、名詞に付加される所属人称接辞は主要部に付加されるか (2a)、あるいは全く付加されなくても良い (2b)。ちなみにガガウズ語でも同様に VO 的特徴を持つため、修飾部が属格表示された場合は必ず被修飾部（主要部）に所属人称接辞が表示さ

れるというチュルク諸語の一般的な一致パターンに従うため (2a) のパターンは許されるが、主要部に所属人称接辞が表示されない (2b) のパターンは見出されない (栗林 2010: 217)。

Modifier-Head, Head-Modifier

(2) a. N-GEN + N（POSS）or　N（POSS）+ N-GEN

    biź-niń bijlig-imiź［we-GEN country-POSS.1PL］「私たちの国」

  b. N-GEN + N　or　N + N-GEN

   biź-niń bijlik［we-GEN country］「私たちの国」　（Csató 2012）

VO 的性質が優勢であることは、主要部前置型の類型論的特徴を持つことを含意し、そのことは関係詞の使用を予測するが、予測通りガガウズ語と同様にカライム語でも関係詞の使用が認められる。カライム語の (3a) では関係詞に格が付加され文法関係が明示されている。

(3) a. Bar-t　　　　　　　kolega　kajsy-nyn　　　　tierk

   exist-COP.3SG　　　friend　which-GEN　　　soon

   altmyš　　jyl-y　　　　bol-ur.

   sixty　　　year-POSS.3SG　become-AOR.3SG

   'I have a friend who will soon be sixty.'　　　（Csató 2012）

  b. Ol　vacht-ta　　ė-di　　　　　　üriatiuvčiu-bia

   that time-LOC　COP-PST.3SG　teacher-INSTR

   'At that time, he was a teacher'　　　　（Csató 2012）

VO 的性質は、前置詞型の類型論的特徴との相関を示すが、カライム語もガガウズ語も後置詞が発達しており、この点については当てはまらない。しかし (3b) のようにカライム語の後置詞 *byla* (with) が格となってしまったような例もあり、コピュラ文で一時的状態を表現する場合に名詞を具格で表示するというスラヴ語の文法パターンの影響がみられる。

　カライム語にみられるその他の非チュルク語的特徴として、V1（動詞前項）+V2（動詞後項）の複合動詞における V2 の衰退をあげることができる。チュルク

諸語の中でも、ユーラシア大陸西端にあるオグズ系のトルコ語ではV1+V2型の複合動詞の種類は少ない。しかし、ユーラシア大陸中央部に分布するウイグル語やキルギズ語では比較的豊富なV1+V2の複合動詞が認められる。このような複合動詞の種類の減少はVO的特徴が顕著にみられるかどうかということと相関している可能性がある。

　また、OV的特徴が優勢なチュルク諸語では文末のモダリティ形式がよく発達しているが、カライム語ではほとんどのチュルク諸語でみられる間接的経験を示すモーダル形式-mışを喪失していることも文末形式の衰退という点においてVO的特徴の現れと指摘できる。さらに、これらはまたカライム語の疑問小辞の使用頻度の低さとも関連している。最後に、言語接触により生み出されたカライム語だけが持つ文構造を提示する。ポーランド語の疑問小辞czyが統語的コピーされ節の初頭に置かれるという現象がある (Csató 1999)。統語的コピー[5]とは、コピーされる側での統語的特徴がコピーする側の言語に導入 (コピー) されることをいう。

(4) bil'-mim　　　　　　　mień　［mia　kibit'kia　bar-y-m］
　　know-NEG-PRS.1SG　　I　　Q　　shop-DAT　go-AOR-1.SG
　　'I don't know whether I will go to the shop.'

この例では従属節の最初の位置に小辞が置かれるというポーランド語の文法規則がカライム語に取り入れられたが、ポーランド語からの小辞自体の語彙的コピーではなく、カライム語がすでに保持している疑問の小辞miaを従属節の初頭に置くというポーランド語の文法規則のみがコピーされている。

　ここで、カライム語の研究史について簡単に触れておきたい。カライム語は今日では消滅の危機に瀕した極小言語とされるが、比較的古くからの文献学研究の伝統がある。カライム語の文献学的研究や基本的文法書や最新の研究動向については、Csató (2010) が詳しい。

9.3　黒海沿岸のガガウズ人

　ガガウズ人とはキリスト教正教徒のトルコ系民族で、モルドバ南部をはじめとして、ブルガリア、ウクライナ、カザフスタン、ウズベキスタンおよびトルコにも居住している。なお、中央アジアのガガウズ人は20世紀初頭の移住によるもので

ある。また、現在トルコに居住するガガウズ人はソ連崩壊後の出稼ぎによるもの
が多い。ブルガリアでは黒海沿岸部のバルナ近郊を中心にガガウズ人の村が散
在している。ガガウズ人の歴史については諸説あるが、有力な説の1つとして次
のようなものがある。黒海北方から来たトルコ系民族のペチェネク、ウズ（オグ
ズ）、クマン（キプチャク）族がバルカンに居住していたが、12世紀後半にはアナ
トリアのセルジュク・トルコ人も居住するようになった。ドブルジャ（現在の
ブルガリア黒海沿岸地域）に移住したセルジュク・トルコ人の一部は再度アナ
トリアに戻ったが、ドブルジャに残留した者はキリスト教に改宗し、それが今日
のガガウズ族の末裔であるという（cf. Kowalski 1933, Güngör and Argunşah 1991）。
ガガウズ人はドブルジャをはじめとするバルカンのさまざまな地域で居住して
いたが、18世紀半ば、ブルガリア人の圧力やロシア人の煽動もあり、もとの故地
を後にしてベッサラビア（現在のモルドバ）への移住を始めた。ベッサラビア地
域は1947年にロシア領となりモルドバ自治共和国の一部となった。モルドバ共
和国が1991年に独立を宣言したのに引き続き、モルドバ南部は "ガガウズ人の
地" という名の自治区となった。モルドバ共和国の一部であるガガウズ人自治区
の現在の公用語はガガウズ語、ロシア語、ルーマニア語である。次にガガウズ語
の歴史について略述する。ガガウズ語とはチュルク語南西（オグズ）グループ（他
にトルコ語、アゼルバイジャン語、トルクメン語、イランのオグズ系諸方言があ
る）に属する言語である。ルーマニア語に基づくラテン文字が考案された一時期
を除いて1957年にキリル文字によるガガウズ語の文字が考案されるまで、ガガ
ウズ人は独自の文字を持たなかった。そして旧ソ連崩壊後にラテン文字へ移行
し、現在に至る。社会言語学的状況について付言すると、モルドバ共和国のガガ
ウズ人の総人口の中で占める割合は2004年度統計では約4パーセント[6]である
ものの、モルドバ共和国南部にガガウズ人自治区を手にしたおかげで言語や文
化を伝えていく活動が盛んである。1996年よりモルドバ共和国南部のガガウズ
人の学校では公的にラテン文字に移行し、学校教育の一部でガガウズ語が教え
られている。ガガウズ語による独自の教科書もあり、ガガウズ語の新聞や民話な
どの書籍も出版され積極的に若い世代にガガウズ語を伝えようとする努力がな
されている。家庭内では中高年層は第一言語としてガガウズ語を使用し、若年層
でもかなり流暢に話す者もいる。現在では、ロシア語とガガウズ語の2言語併用
の状況が続いている。
　一方、ブルガリアのガガウズ人コミュニティにおけるガガウズ語の状況は、モ

ルドバのガガウズ語の状況よりも厳しい。母語の能力は中高年層でさえ十分な
ものではなく、普段は家庭内においてもブルガリア語を使うことが多い。孫の世
代ではガガウズ語が使えるものはほとんどいない。2001年度の統計によるとガ
ガウズ人は540名[7]とされ、モルドバよりも大幅に少ない。さらに学校教育にお
いて母語を教えて継承するという試みもなく、ブルガリアのガガウズ語を母語
とする話者がいなくなるのは時間の問題であると思われる。しかしガガウズ人
としての強い自己意識を持っており、知識階級を中心に自分たちの文化の保存
の努力をし、民族学的な研究をしようとする若いガガウズ人もいる。

9.4　モルドバのガガウズ語の言語的特徴

　本節では、ガガウズ語の文法的特徴について重要なもののみ略述することに
する。まず、ガガウズ語の重要な統語的特徴としてVO語順が優勢な自由語順と
いうことがあげられる。OV語順が優勢なチュルク諸語の中で、本特徴はガガウ
ズ語を特徴づける顕著なものである。

(5) Vazgeč-ti　　cuvap　　et-mää.
　　forget-PST　　answer　　do-INF
　　「答えることを忘れた。」

VO語順の優勢さはブルガリア語やロシア語等のスラヴ系言語の影響であると
されるが、スラヴ系言語の影響は統語法に限らず、文法のあらゆる側面にみられ
る。例えば、カライム語にもみられた通り、形態法における女性接辞-ka/-yka の
使用もこの特徴の1つである；komşu-yka（女性の隣人）、hacı-ka（女性の巡礼に
行ったひと）。このような女性接辞のコピーはブルガリアに居住するガガウズ人
の言語にも、またいくつかのブルガリアのイスラム教徒のトルコ語方言（バルカ
ン・トルコ語）にも認められる。言語接触の観点からガガウズ語の状況を略述す
ると、ガガウズ人の祖先はカスピ海の北方でオグズ族の集団から分離したのち、
ブルガル–キプチャク起源（チュルク系）の語彙に接触し、バルカンにやって来
た。その後、オスマン・オグズ語と接触した。その結果、ガガウズ語はある面で
はオスマン（トルコ）語、もう一方の面ではブルガル・トルコ語、キプチャク語、
カライム語との類似点を持つ。このような、民族の移動の痕跡は言語特徴にも現
れ、コピーや音韻変化の結果ではないと考えられる長母音を保持している点や、

カライム語の音韻特徴のところでみたキプチャク語群にみられる口蓋化による
子音調和の存在などがある。系統的に一番近いとされるトルコ語にもみられな
いこれらの諸特徴は、そのルーツの多様性を示し、他民族との接触により保持す
るに至った言語特徴であると考えられる。

　さらに語彙の面では、トルコ語、アラビア語、ペルシア語の単語をコピーする
と同時に近年では近隣のギリシャ語、ブルガリア語、ルーマニア語、モルドバ語、
ロシア語からも多くの語彙のコピーがある。例えば、日常的に使われる高い頻度
のことばにもコピーによる外来語が使われる；こんにちは *seläm* (アラビア語)、
はい *da* (スラヴ諸語)、いいえ *yok* (トルコ語) など。

9.5　ブルガリアのガガウズ語

　ブルガリアではガガウズ語を母語とするガガウズ人は、キリスト教徒である
ため、宗教を同じくするブルガリア人として認識されてきた。したがってモルド
バ共和国の状況とは異なり、ガガウズ人としての話者数の公的な統計資料等が
ほとんどなかった。さらに18世紀末より19世紀初頭にかけてベッサラビア (現
在のモルドバ南部) に現在のブルガリア黒海沿岸より多くのガガウズ人が移住
した。この理由でブルガリアにはガガウズ人は少数しか残っていない。しかし近
年のインターネットの普及に伴い、ブルガリアのガガウズ人の状況についての
情報も徐々に知ることができるようになった。

　言語と言語が接触することにより共通の地域的言語特徴を共有するようにな
り、言語連合 (Sprachbund) が形成される。バルカン半島で生じた言語連合とは、
ギリシャ語、アルバニア語、ルーマニア語、マケドニア語、セルビア語トルラク
方言、ブルガリア語、そして場合によればジプシーのロマ語も含め、系統的な関
係に基づかない共有の冠詞の後置や不定法の消失などのさまざまな文法のレベ
ルで共有されている言語特徴のことである。つまり言語特徴の共有は言語が隣
接することによる相互影響の結果、共通する言語特徴を保持することに至った
ものと考えられる。バルカン言語連合にみられる特徴の1つとして「不定法の消
失」がある。英語の簡単な文に例えると s/he wants to go のような表現で to 不定詞
が消失し s/he wants goes のような形になり、従属する動詞が活用するようになる
現象である。従来、この言語特徴は印欧語族にだけにみられる特徴であるとさ
れ、チュルク系諸言語はその中に含まれなかった。例えば Thomason (2001) は、
南西ヨーロッパのトルコ語もバルカン言語連合の特徴を共有するが詳細は不明

であると記述している。しかし既にPokrovskaya（1972）ではガガウズ語とバルカ
ン言語連合の関係を指摘し、不定法の消失はバルカン地域の印欧語に特有の現
象ではなく、ブルガリアのガガウズ語にもみられるとした。具体例としては（6）
にみられるように、トルコ語の述語*iste*-「望む」は不定形*-mek/-mak*付きの従属
節動詞を要求するが、（7）や（8）のガガウズ語では従属節動詞も主節動詞と同様
の人称接辞や希求形のモーダル形式をとり、不定形をとらない（文中の［ ］内は
従属節を示す）。また、（9）のようにバルカンのコソボ・トルコ語にも同様の例
がみられる。

(6) ben ［git-mek］　　　　　　iste-di-m.　　　　　　　　　［トルコ語］
　　 I　 go-INF　　　　　　　 want-PST-1.SG
　　 'I wanted to go.'

(7) iste-er-im　　　　　　　［gid-e-yim］.　　　　　　　［モルドバのガガウズ語］
　　 want-PROG-1SG　　　　 go-OPT-1.SG
　　 'I want to go.'　　　　　　　　　　　　　　　（Pokrovskaya 1972）

(8) iste-yor-lar　［čoju-un ismi-ni　　　 koy-sun-nar］.［ブルガリアのガガウズ語］
　　 want-PROG-PL child-GEN name-ACC put-OPT-3.PL
　　 'They want to put children's name.'　　　　（Zajączkowski 1966）

(9) Amica-m ste-y　　　　［hacilıg-a　　　　 cit-sın］.　　　 ［コソボ・トルコ語］
　　 uncle-my want-PROG pilgrimage-DAT go-OPT
　　 「私の叔父は巡礼に行きたいと思っている。」（Canhasi ve Sulçevsi 2012）

　　 cf. Amca-m ［hacc-a　　　 git-mek］ isti-yor.　　　　 ［トルコ語］
　　 uncle-my pilgrimage-DAT go-INF　 want-OPT
　　 「私の叔父は巡礼に行きたいと思っている。」（Canhasi ve Sulçevsi 2012）

しかし、このような「不定法の消失」は、ガガウズ語のみにみられる現象ではな
く、バルカン・トルコ語全体にも広くみられる現象である。（10a）はブルガリア
北東部のデリ-オルマン地区で筆者が採集したバルカン・トルコ語の例であるが、

トルコ語の対応例と比較すれば明らかなように、同様の「不定法の消失」が認められる。トルコ語の*lāzım*（必要だ）は不定詞*-mek/-mak*付きの従属節動詞を要求するが、(10a)では希求形と人称接辞による活用をしている。また、(10b)のようにコソボ・トルコ語にも同様の例がみられる。なお、カライム語では、述語*iste-*（望む）は不定形を支配し、不定法の消失は生じない。

(10) a. ben pazar-a 　　lāzım yarın 　　gid-e-yim. 　　［バルカン・トルコ語］
　　　　 I market-DAT 　need tomorrow go-OPT-1SG
　　　　「私は市場に明日、行かなければならない。」

　　 cf. ben yarın pazar-a 　　　git-mek lāzım. 　　　［トルコ語］
　　　　 I tomorrow market-DAT go-INF 　need
　　　　「私は明日、市場に行かなければならない。」

　　 b. Yarın 　　lāzım 　jol-sun-lar. 　　　　　　［コソボ・トルコ語］
　　　　 tomorrow need 　come-OPT-PL
　　　　「明日、彼/女らは来なければならない。」

　　 cf. Yarın 　　gel-meli-dir-ler. 　　　　　　　［トルコ語］
　　　　 tomorrow come-need-COP-PL
　　　　「明日、彼/女らは来なければならない。」

このように、ガガウズ語に認められる「不定法の消失」や形態法における女性接辞*-ka/-yka*のコピーなどの形態・統語的特徴は、周辺のトルコ語にも同様に認められることも多い。ガガウズ語のみにみられる代表的な統語的特徴として、以下の3点を指摘したい。まず一番目に表面的に二重与格構文 (cf. 栗林 2010) とみられるもので、(11a) のように2つの名詞の間に所有関係があり、統語的に動詞の右方向の周辺的な位置にこれらが置かれた場合に所有者名詞と被所有者名詞が共に与格で表示される現象である。所有者名詞は、本来の格である属格とも交替可能であることから、二重与格構文とは主要部名詞の与格が修飾名詞にコピーされているとみなすことができる。影響の要因となる文は、(11b) のようなロシア語の構文であり、意味的に方向を表す与格や前置詞の意味的特徴の統語的コ

ピーであると考えることができる。

二重与格構文

(11) a. Karı-sı　　　　　koy-muš on-a　　ekmek torba-sı-na.　　　　［ガガウズ語］
　　　 wife-POSS.3SG　put-PFT　he-DAT　bred　　bag-POSS.3SG-DAT
　　　 「奥さんは彼のパンを袋に入れた。」

　　 b. Žena　položila emu　　　 hleb　　 v kotomku.　　　　　　　　［ロシア語］
　　　 wife　put　　 he-DAT　bread　　PREP-bag
　　　 「奥さんは彼のパンを袋に入れた。」　（Pokrovskaya 1978）

二番目の統語的特徴として、数量詞句における格の一致がある。(12) はガガウ
ズ語の民話から抽出したものであるが数量詞 *hepsi*（全て）とそれが修飾する名詞
は格表示に関して一致している。このような数量詞の一致は現代トルコ語では
生じないが、13 世紀から 18 世紀にかけてのチュルク語オグズグループの文語で
ある古期および中期オスマン・トルコ語では名詞とそれを後方から修飾する数
量詞の間で格の一致があったという記述がある（Kerslake 1999: 197）。

数量詞の格の一致

(12)　Al-mıš　　Binbir İvan ana-sı-nı　　　　　　　hepsi-ni　bir
　　　 take-PFT　B.　　İ.　　mother-POSS.3SG-ACC　all-ACC　a

　　　 kardaš-ları-nï　　　　　　da　git-miš-lêr　haydut-lar-ın
　　　 brother-POSS.3PL-ACC　and　go-PFT-PL　thief-PL-GEN

　　　 kale-si-nê.　　　　　　　　　　　　　　　　　　［ガガウズ語］
　　　 fortress-POSS.3SG-DAT　　　（Güngör and Argunşah 1991: 235）
　　　 「ビンビル・イワンは母親や兄弟みんなを連れて泥棒の住処に行った。」

最後に、最も顕著なガガウズ語の統語的特徴として分析的方法による可能構文
の形成がある。存在動詞 *var*（ある）と様態疑問詞 *nasıl*（どのように）と動詞の希
求形あるいは不定形をこの順序で組み合わせることにより、可能形を構成する。

137

否定の場合は、存在動詞を対義語である *yok*（ない）に交替させることにより、不可能を表す。このような分析的な可能形モーダル形式はガガウズ語のみであり、他のチュルク諸語にはみられない。

統語的コピーによる可能構文

(12) Bu lafları   var-dı   nasıl söle-sin   saade en iy dost. ［ガガウズ語］
     this words exist-PST how say-OPT.3SG only best friend
     「この言葉は一番の友人にだけ言うことができる。」

Menz（2003: 35）では、この構文の由来として、ブルガリア語の *ima*（ある、所有する）と *kak*（どのように）のコピーと希求法の人称活用の組み合わせによる分析的な統語法であるとしているが詳細は不明である。なお、筆者が2000年にブルガリアのバルナ近郊で実施した調査では、ブルガリアのガガウズ語では、このような分析的なモダリティ表現は使用しないとのことである。一方、モルドバのガガウズ語は、この分析的可能形を口語でも頻繁に用い、民話のテクスト資料にも頻繁に出現する。なおカライム語でもチュルク諸語で一般的な総合的な方法による可能形と共に、分析的な方法での可能形モーダル形式が用いられるが、コピュラと動詞の不定形を組み合わせる；Bol-al-am（COP-take-1SG）sioźlia-mia（speak-INF）karajče（Karaim）'I can speak Karaim'（Csató 2012）。コピュラ動詞は「存在」も表すことから、カライム語とガガウズ語の分析的方法による可能形形成には類似性がみられるとも考えられるが、このような分析的統語法は何に由来するものかは現時点では不明である。

9.6　まとめ

　本論ではコピーの中でも、語彙そのもののコピーよりも、特に統語的コピーを中心にカライム語とガガウズ語での状況を略述した。バルト海沿岸地域で話されているカライム語と黒海沿岸地域で主に話されているガガウズ語は地理的な隔たりがあり、さらに系統的にもチュルク語の中で同じ語群に属さないけれども、両者にはいくつかの共通する言語特徴がみられる。本論で考察してきたものに限るが、特に顕著な形態・統語的に共通する特徴として、次のようなものがみられた。

138

1) 口蓋化による音節間の調和
2) 形容詞や名詞の女性接辞などの形態的特徴のコピー
3) 関係代名詞の使用、否定辞の位置、VO 型の基本語順、後置詞型言語、被修飾部（主要部）– 修飾部の語順、数量詞と主要部名詞の格の一致など
4) 分析的な可能構文（存在動詞＋疑問詞＋動詞不定形）を持つこと

その一方で、カライム語のみにみられる個別的特徴として以下のような特徴がみられた。

1) 形容詞の女性形活用のコピー
2) 一部の後置詞が格に変化
3) 属格付き修飾部と主要部から成る名詞修飾構造において主要部に付加される所属人称接辞が義務的にならないこと
4) V1+V2 複合動詞における V2 の衰退
5) 間接的経験を示すモーダル形式 *-mış* の喪失
6) 疑問小辞 *czy* の統語的コピー

さらにガガウズ語のみにみられる個別的特徴として、本論では以下の特徴があることを指摘した。

1) 不定法の消失（周辺のチュルク諸語にも共有されている特徴）
2) 不定法の消失の結果、バルカン言語連合のまとまりは拡大されるか、あるいは不定法の消失はバルカン地域に固有の地域的特徴ではない可能性があること
3) 言語接触による二重与格構文（ロシア語からのコピー）の発達
4) 分析的な可能構文（存在動詞＋疑問詞＋動詞希求形）を持つこと

これらの言語特徴は、主にロシア語やブルガリア語やポーランド語などのスラヴ系言語との言語接触による影響下で保持するに至ったものである。カライム語とガガウズ語に共通する特徴が存在することは、チュルク系言語とスラヴ系言語の言語接触にみられる普遍的な言語変化の一端を示しているといえる。上述したカライム語やガガウズ語のそれぞれに固有の個別的特徴は、接触の影響の違いを反映していると解釈できるかもしれない。例えば現段階では、カライム

語のみにみられる形容詞の女性形活用のコピーは散発的であるが、もしモルド
バのガガウズ語においてロシア語との言語接触がより著しいものになると、ガ
ガウズ語においても形容詞の女性形活用のコピーがみられるようになるかもし
れない。つまり適切な条件が整えば、女性形活用のコピーはカライム語とガガウ
ズ語にも共有する特徴となる可能性もあるではないだろうか。現段階では、複数
の言語が関わる言語接触の状況で、それぞれの言語が及ぼす影響の度合いは明
らかではなく、その方法論の確立が必要になる。今後の課題として解明しなけれ
ばならない問題は山積しているが、そのいくつかを指摘したい。

1) チュルク諸語やスラヴ諸語に固有の接触による言語変化の問題としてではな
　 く一般言語学的な問題として、著しい統語的特徴の変化（ここではOV的特徴
　 からVO的特徴への変化）はどのような言語的状況があれば生じるのか、その
　 必要十分条件を確定すること。

2) カライム語とガガウズ語に共通する社会言語学的状況は、周辺のイスラム教
　 徒やキリスト教徒から隔離した状況下で宗教的に少数グループを形成してき
　 たという点と共に、近年まで正書法が未発達であったという状況がある（cf.
　 Comrie 1981）。カライム語ではヘブライ文字で記された宗教書が16世紀頃よ
　 り存在しているが、近年ではリトアニア、ポーランド、ウクライナなどそれ
　 ぞれの地域における表記体系の異なりにより意思疎通の障害になっている
　 （Csató and Nathan 2007）。上述した1) の問題を解明するための手がかりとし
　 て、このような社会言語学的状況との関わりを解明する必要があること。

3) カライム語とガガウズ語が日常生活において社会的優越性（例えば、公的教
　 育で日常的に使用されている言語）のある言語であるリトアニア語やロシア
　 語やブルガリア語との接触により何が要因となり、どの程度の影響を受けて
　 いるのかを量的に解明すること。

これらの諸問題を解明するためには、チュルク諸語の研究者とスラヴ諸語の研
究者が連携し、当該言語だけでなく類似した言語接触の状況を比較しつつ、必要
に応じて質的調査と量的調査も併用して客観的にその要因を提示できる形で解
明していくことが必要であろう。

略記号

ACC: accusative, AOR: aorist, COP: copula, DAT: dative, GEN: genitive, INSTR: instrumental, INF: infinitive, LOC: locative, N: noun, NEG: negative, OPT: optative, PFT: perfective, PL: plural, PST: past, POSS: possessive, PREP: preposition, PROG: progressive, PRS: present, Q: question, SG: singular, 1: first person, 3: third person

注

1) http://www.statistica.md/pageview.php?l=en&idc=295&id=2234（2018年4月12日アクセス）

2) http://censusresults.nsi.bg/Census/Reports/2/2/R7.aspx（2018年4月12日アクセス）

3) http://languagesindanger.eu/book-of-knowledge/list-of-languages/karaim/（2018年4月12日アクセス）

4) 借用（borrowing）という用語を用いることも多い。しかし借用は借りたものは返さなければならないという含意があるが、言語接触の現場では実際にそのようなことは生じないので、本論ではコピー（copying）という用語を用いる（cf. Johanson 2002: 8）。

5) 言語接触理論の枠組みであるコードコピーモデルでは選択的コピー（selective copying）と呼ぶこともあるが（cf. Johanson 2002）、本論ではわかりやすさを優先し、統語的コピーという用語を用いる。

6) http://www.statistica.md/pageview.php?l=en&idc=295&id=2234（2018年4月12日アクセス）

7) http://www.nccedi.government.bg/page.php?category=83&id=247（2017年9月30日アクセス）

参考文献

Canhasi, S. ve N. Sulçevsi. 2012. Kosova Türk Ağızlarına Arnavut Dilinin Etkisi［コソボ・トルコ語方言へのアルバニア語の影響］. *ULUSLARARASI DİL VE EDEBİYAT ÇALIŞMALARI KONFERANSI* "Türk ve Arnavut Kültüründe Ortak Yönler" 25-26 Mayıs 2012, Tirana.

Comrie, B. 1981. *The language of the Soviet Union.* Cambridge: Cambridge University Press.

Csató, É. Á. 1999. Analyzing contact-induced phenomena in Karaim. In: S. Chang, L. Liaw and J. Ruppenhofer (eds.) 25th Annual Meeting of the Berkeley Linguistic Society, Special Session: Caucasian, Dravidian, and Turkic linguistics. *Berkeley Linguistic Society* 25, 54-62.

Csató, É. Á. 2010. Report on an Uppsala workshop on Karaim studies. *Turkic Languages 14*, 261-282.

Csató, É. Á. 2012. Lithuanian Karaim. *Tehlikedeki Diller Dergisi*, Cilt 1 Sayı 1, 33-45.

第三部　チュルク諸語の研究

Csató, É. Á. and D. Nathan. 2007. Multiliteracy, past and present, in the Karaim communities. Language Documentation and Description 4, SOAS, 207-230.

Güngör, H. and M. Argunşah. 1991. *Gagauz Türkleri* [ガガウズ・トルコ人]. Ankara: Kültür Bakanlığı Yayınları.

Johanson, L. 2002. *Structural Factors in Turkic Language Contacts.* Richmond, Surrey: Curzon Press.

Johanson, L. and É. Á. Csató (eds.) 1999. *The Turkic Languages.* Routledge.

Karslake, C. 1999. Ottoman Turkish. In: L. Johanson and É. Á. Csató (eds.) 1999. *The Turkic Languages,* 179-202. London: Routledge.

Kowalski, T. 1933. *Les Turcs et la langue turque de la Bulgarie du nord-est* [Kuzey-Doğu Bulgaristan Türkleri ve Türk Dili]. çev. Ömer Faruk Akün, *Edebiyat Fakültesi Türk Dili ve Edebiyatı Dergisi,* c.3-4, 31 Mart 1949, s. 499-500.

栗林裕. 2010.『チュルク語南西グループの構造と記述—トルコ語の語形成と周辺言語の言語接触—』東京：くろしお出版.

Menz, A. 2003. Slav dillerinin Gagauzcaya etkisi [スラヴ諸語のガガウズ語への影響]. *Bilig.* S. 24, s. 23-44.

Özkan, N. 1996. *Gagauz Türkçesi Grameri* [ガガウズ語文法]. Ankara: TDK yayınları.

Pokrovskaya, L. 1972. Gagauz dilinin ve Balkan Türk ağızlarının bazı sentaks özellikler [ガガウズ語とバルカン・トルコ語諸方言のいくつかの統語的特徴]. In: *Bilimsel Bildiriler,* 231-235. Ankara: TDK yayınları.

Pokrovskaya, L. 1978. *Sintaksis Gagauzskogo Yazyka.* Moskva: Nauka.

Thomason, G. 2001. *Language Contact: An Introduction.* Edinburgh University Press.

Zajączkowski, W. 1966. *Język i folklor Gagauzów z Bułgarii.* Kraków.

オンライン資料

Национален статистически институт :
　　http://censusresults.nsi.bg/Census/Reports/2/2/R7.aspx
National Bureau of Statistics of the Republic of Moldova :
　　http://www.statistica.md/pageview.php?l=en&idc=295&id=2234
The "Languages in Danger" website:
　　http://languagesindanger.eu/book-of-knowledge/list-of-languages/karaim/
The National Council for Cooperation on Ethnic and Demographic Issues in Bulgaria:
　　http://www.nccedi.government.bg/page.php?category=83&id=247

第四部　チュルク諸語の言語資料

10. ガガウズ語の記述的言語資料

［資料凡例］
1. 資料の特殊文字の音価

    ǰ＝［ʤ］, č＝［ʧ］, š＝［ʃ］, ï＝［i］
2. 資料で聞き取り不明もしくは意味の不明な単語には単語の先頭に？の記号を
    付してある。
3. 長い沈黙あるいは別言語使用時には…の記号を付してある。

TEXT 1　道で出会った女性との会話

バルカン・トルコ語（ブルガリア）のインフォーマント
　（注：バルカン・トルコ語とはブルガリア共和国を中心にバルカン半島一帯で
話されているトルコ語の一方言であり、話者数は約百万人である。この言語は
トルコ共和国で使用されている現代トルコ語と系統的にかなり近い関係にある。
バルカン半島でトルコ語が用いられる理由は主にオスマン帝国時代の支配下に
おかれたトルコ民族の分布に求められるが、この理由の他に黒海沿岸北方から
のトルコ系民族の移動が言語形成に及ぼした役割が大きい。特にガガウズ語と
いわれるキリスト教徒のトルコ語方言話者と基本的にイスラム教徒であるバル
カン・トルコ語話者の言語間にみられる音韻的、形態的類似性は両言語の密接
な関係によるとみられるが、その詳細はよくわかっていない。）

年　齢　81
性　別　女性
調査地　Veselets村　デリ・オルマン地区（ブルガリア）
職　業　農業
［　］内は調査者の発言
Mはデリ・オルマン出身の会話参加者（70歳台　男性）の発言
Sはデリ・オルマン出身の会話参加者（60歳台　男性）の発言

145

(1) o... ne konušaǰam, ne konušaǰam. (2) yašlïlar čilele čekiyer čok. (3) yašlïlarï penče alyer, yetmiyer. (4) Bulgaristan`da biraz čileler čok čekiyeriz, yavurum. (5) gittik Türkiye`ye de, keške dönmeyeydik. (6) [gittiniz mi Türkiye'ye ?] (7) gittik, beš ay duuduk. (8) šimdi čoǰuklar derler seni koǰa kafalï anne seni getirdin bizi de, bizi išsiz tutuyorsun. (9) biz kuvvetli čoǰuk. (10) tamamište geldïk derler, (11) šimdi hep evde oturersiz, para yok, nereden gelsin para, (12) saalïk yok, hepsi kapandï burada Bulgaristan`da. M: (13) sen orada olaydï, penče sana yok ediyor. (14) ?gerči her šey almayaydïk ?o beni bi avlu dibinde ölerdik. S: (15) seni haǰi alïr idi, haǰï? (16) haǰu almayaǰak gene beni beenmeyeǰek ama, (17) bi de ben haǰïya gidemem, (18) benim 60 sene gečirmišim. (19) beyimle 49 ama böyle šimdi. M: (20) beyi öldü bunun ama. (21) yöldü yöldü 12 sene oldu 12 sene... M: (22) olsa yani bir ihtiyar gene] (23) aa deme deme, yašïm benim 81 yavrïm. (24) ben yiriminin doomu.. ya M: (25) te gömler de hadi, ?Abbaya... (26) en zorumlu olan insan, ?Abbandan, Abbada zoru ver Abbanïnda gitmiyer, (27) kač ?ab iši diyirim benim de yok. (28) kïz anlar beni katmalï yere, (29) ya, öyle diyer, ben de öyle. M: (30) šimdi nereye gidersin. (31) šimdi ašaa gidiyerim. M: (32) dünüšmee gider? (33) dünüšümee gitmem dünüšmede ne išim var benim. (34) torunuma gidiyerim. torunlara bakiyerim, yardïm alïyerim torunlara... (35) vereye čalïšerim, penče alïyerim veriyerim. (36) kendime bile bir šeyler almïyerim. (37) kendim bile bir šey yimiyerim. M: (38) nasïl yašïyorsun böyle yemeden? (39) yašyerim yemeden te böyle. (40) Öldu kargaya bot giymez derler... S: (41) ne derler? (42) öldu kargaya bot giymezmiš, (43) hep oolularï yiyermiš, diil mi? S: (44) bu da bir deyim? (45) ben de hič yalan malan yok, (46) ben yašïm 81 oldu, daha hič yalan yapmamïšïm, (47) bak nasïl güzel čoǰukla karšlaštïm ǰenabï Allah karišlaštïrïyer. (48) baška annelerine karšï gelmiyor ben ?ïslahiyeliler... M: (49) senin gibi gezmee ačïk olan ne der ki? (50) bende öyle. ben ben zaten ölürsem ya taksi čiineǰek ya kamyonlar. (51) benim ablam öldü. sestimaae deediler. (52) manǰa yaptïrdï, kuzu kïzartïk. M: (53) 6 mayïsta da. (54) he 6 mayïsta öldü. taa yatïrkan öldü. (55) ben de öyle öleǰem. (56) beni ya taksi čiineyeǰek ya top kamyonlarï, (57) čünkü benim akranlarïmda sade ben geziirim. M: (58) Allaha korusun. (59) Allaha korusun amma bilmiyeriz de. M: (60) [sen korun da.] (61) ben koruniyerim. M: (62) Allah bïrakmïyorsun. (63) kimseden ne gidip čalerim ne kimseden kapiyerim (64) ne kimseden bi yudumlar bii šeyler yiyirim, (65) kendi kendime böyle. (66) üč tane gelin arasïnda, išlersem sevinirler išlemezsem

sevmiyerler. M:（67）sen gelinlerinden pek aalanmadïn?（68）aalanïryerim onlara diyerim.（69）ben ölürsem hepiĵiiniz analarïnïza gideĵeniz diyerim.（70）benim bi kïzïm var baška köyde,（71）gelip gömeyecek beni.（72）Anlamïyer mi ušaam ama... M:（73）anlïyor, anlïyor.（74）ya ya... böyle mi oldu zamanda ya ama ?keške de šimdi（75）Türkiye'den gelenleri gördü mü insan bir seviniyeri（76）amma onlar daha rahattïr, biz čillede burada.（77）Bulgaristan čok čillede, ama yok nereden yaadïm gelsin. S:（78）Bulgaristan o kadar kötüleme de, uuratïr seni.（79）uuratma uuratma ben dooruyu söylirim.（80）ušaklar sa hep evde ušaklar issiz, issiz ušaklar ?išlirem. M:（81）bir tane kombayin aldï idiler. nasïl iššizmiš.（82）...patronlarïn patron dedi, o geldi kendine alïyer parayï ušak... M:（83）s&imdi patronlar var?（84）šimdi azïyk bu čoĵuk patron da, azïyk ona patronluk var gibi de.（85）ama bereket versin. čok yašïyanlar bile yašamïyer benim kadar. bu 81 yašïna kadar,（86）ben čilleyle yašïyorum bu 81 i... S:（87）annan 91 de.（88）ya o da 91 de, yok bi šey. hadi.（89）［hadi］（90）saa ol...（91）［saa ol］

（1）な、何を話そうかね？何を話そう？（2）年寄りは大変苦労しているんだよ。（3）年寄りは年金もらってるんじゃが、足らないんじゃよ。（4）ブルガリアでは大変苦労しているんじゃよ、あんた。（5）トルコへも行ったけど、戻ってくるんじゃなかったよ。（6）［トルコへ行ったのですか？］（7）行ったのじゃよ、5ヶ月滞在したんじゃ。（8）今では子供たちは私のことを馬鹿なばあさんっていうのじゃ。わしらを連れてきたのに、職なしでほったらかしておくんだねってね。（9）わしらは忍耐強いんじゃ。（10）よし、ほら来たよっというのじゃ。（11）今はずっと家にいるんじゃよ。金もないし、どこからも金はこないしね。（12）健康状態もよくないし、ここブルガリアではすべてがおしまいになったんじゃよ。（13）M:（あんたがあそこ（トルコ）にいたら年金もつかってしまうだろうに）（14）実際は全部のお金を使うことはないが、?小屋の縁で死んでしまうことになるだろうよ。（15）S:（あんたをハジ（メッカに巡礼をしたひと）が嫁にとるところだったのじゃなかったのかい？）（16）ハジには嫁入りしないよ。私を気に入らないだろうしね。けど（17）わたしゃ、ハジのところには行けないよ。（18）わたしゃ60年間過ごしてきて（19）だんなとは49年になるのじゃが、今はこんな感じなんじゃ（20）M:（このひとのだんなは亡くなったんだよ）（21）そう、そう12年になるねえ、12年。（22）M:（生きていても、また老人だよ。）（23）ああ、そういいなさんな。わたしの歳は81歳だよ、あんた。（24）私は1920年代のうまれじゃよ。

(25) M:(?アッバに眠るのかね。)(26) もっとも苦労した人間じゃよ。?アッバ、アッバにも行かないよ。(27) 私の仕事といえるようなものはないよ。(28) 娘たちは理解して私を埋葬しなければならないよ。(29) ええ、そんなふうに言ってるよ、私も同じだ。(30) M:(今、どこにいくところかね?)(31) 今、下の方に行くところじゃよ。(32) M:(お嫁さんのお母さんのところにいくところかね?)(33) 嫁さんのお母さんのところへはいかないよ。嫁さんの母さんのところで私のなんの用があるんじゃ。(34) 孫のところに行くんじゃよ。孫の面倒をみて、孫の手助けしてるんじゃよ。(35) 年金をもらって、それをあげてるのじゃよ。(36) 自分のためには何も買わんよ。(37) 自分のために何も食べないよ。(38) M:(食わないでどうやって生きてるんだい?)(39) こう、食べないで生活してるんだよ。(40) 死んだカラスに靴は履かせられないっていうよ。(年とったひとにはもう実用的なものは必要ない)(41) S:(何っていうって?)(42) 死んだカラスに靴は履かせられないそうじゃ。(43) いつも子供たちが食べるそうだ。そういうもんじゃないかね?(44) S:(それもなにかの格言かい?)(45) わたしゃ嘘などつかないよ。(46) 私は81歳になったけれど、いままで嘘をついたことがないんだよ。(47) ほら、なんといいひとに会えたことか。神様がお引き合わせくださったのじゃ。(48) 他のひとにはこんなことは起こらんよ。?わしは善人なんじゃ。(49) M:(あんたのように遊び歩くのがすきなひとが何いっているんだね。)(50) 私はそういうことなんじゃよ。わたしゃ死ぬときはタクシーかトラックに轢かれて死ぬと思うよ。(51) 私の姉が亡くなったけど、システィマーエっていってたのじゃが。(52) 食べ物を作って、子羊を料理したのじゃ。(53) M:(5月6日だね。)(54) ええ、5月6日に死んだよ。寝てるときに亡くなったんじゃよ。(55) 私もそうやって死にたいものだ。(56) 私をタクシーか積荷満載のトラックが轢くだろうよ。(57) なぜなら私の同年代では私だけが出歩いているのでね。(58) M:(神様がお守りくださいますように。)(59) 神様がお守りくださいますように、けどわからないからねえ。(60) M:(あんたも気を付けなよ。)(61) 私も気を付けてるよ。(62) M:(神様を信じているんだろ?)(63) 誰かのとこに行って盗んだり、かっぱらったりしたことなんてないよ。(64) 誰かのものを1口食べたことさえないよ。(65) 自分自身そうなんじゃよ。(66) 3人の嫁の間で私が働いたら喜んでくれるし、働かなかったら喜んでくれないよ。(67) M:(あんたは嫁さんの不満を言わなかったのかい?)(68) 嫁に対して不平をいっていたとも。(69) 私が死んだら皆、自分の母親のところに行くように言っているよ。(70) 私には他の村

に一人娘がいるんじゃよ。(71) やってきて私を埋葬してくれるだろうよ。(72)
あんた、わかってくれるかね。(73) M:（ああ、わかるとも。）(74) 時がたち、こん
な感じなんじゃ。？もし…今 (75) トルコから（帰省してくる）ひとたちをみると
うれしいものじゃよ。(76) けど、あのひとたちはもっと楽に違いない。私たちは
ここで苦労してるんじゃよ。(77) ブルガリアの暮らしは苦しいが、どこからも
助けはないんじゃよ。

(78) S:（ブルガリアのことをそんなに悪く言いなさんな。あんた追い出されちま
うよ。）(79) 追い出されるもんか。わたしゃ本当のことをいっているんじゃよ。
(80) 子供たちはいつも家で、子供たちには仕事がない。仕事がないよ。こどもた
ちに。(81) M:（脱穀機を1台買ったそうじゃないか、なにが仕事がないじゃ。）
(82) 社長の社長がいったんじゃよ。そのひとがやってきて自分のために買った
んじゃ、お金を子供が… (83) M:（今度は社長さんかい？）(84) ちょっとこのひ
とは（Mを指差して）社長風だけどね。少しだけ社長の雰囲気があるよ。(85) ま、
いいことがありますように。長く生きるひとも私のように生きることはできな
いよ。この81歳までね。(86) 私は苦労して生きているんじゃよ。81歳までね。
(87) S:（あんたの母親は91歳だったよ。）(88) そう、あのひとは91歳だったね
え。それじゃ。(89)［それじゃあ］(90) お元気で。(91)［お元気で。］

TEXT 2　メロンを売る男性との会話

ガガウズ語 (ブルガリア) のインフォーマント 1
年　齢　55
性　別　男性
調査地　Balčïk (ブルガリア)
職　業　農業
［　］内は調査者の発言

(1)［peki siz kač yašïndasïnïz?］(2) altïmïš (3)［altïmïš haaa］(4)［tekrar ben sormak istiyorum, šey sizin köyünüz nerede?］(5) Doros Kaliakra, Nos Kaliakra'a yakïn. (6)［Doros Kaliakra,buradan yirmi kilo metre］(7) yirmi kilo metre. (8)［ne yapïyorsunuz, kabïn mï satïyorsunuz?］(9) kabïn sateri. (10)［ne zamandan beri satïyorsunuz burasï, burada?］(11) oldu yirmi gün. (12)［yirmi gün? yirmi gün oldu. daha önǰe ne yaptïnïz?］(13) daha var yirmi gün satmaa. (14)［haa daha var yirmi gün satmaa.］(14) yavaš, yavaš čalïšïp sokmaa, para lazïm. (15)［eskiden ne iš yapïyordunuz?］(16) šofur. (17)［šofur? nerede?］(18) Balgarevo`da (19)［Bulgari?］(20) Balgarevo, Balgarevo. küüde. kïrk sene šofurluk oldum. (21)［iyi, güzel. čoǰuunuz var mï?］(22) iki tane. (23)［iki tane. kïz mï erkek mi?］(24) erkek, kiz da. bir yirmi bir, öbür yirmi beš. (25)［onlar nerede čalïšïyor?］(26) biri servitor škola. (27)［nerede?］(28) servitor, servitor. (29)［servitra］(30) restrant`ta. (31)［restrant`ta čalïšïyor.］(32) öbür bodi gard. (33)［anladïm, hep siz burada mï čalïštïnïz?］(34) burada. (35)［baška yere gittiniz mi?］(36) Varna da gittim. (37)［he?］(38) Varna'ya Varna'ya. (39)［Varna'ya gittin.］(40) borsaya. (41)［yabanǰï ülkeye?］(42) var burda Bulečko borsa var. (43) oraya götürüyorsun, (44) orada satïyorsun, daha uǰuz. (45)［peki gezmee gittiniz mi? Türkiye yada baška ülkeye?］

(46) Türkiye`ye gitmedim, Romaniya'ya gittim. (47)［Romaniya'ya gittin, baška?］(48) ?Serčiko'ya gittim. (49) Ungariya'ya gittim.

(1)［ええと、おいくつですか？］(2) 60歳です。(3)［60歳なんですかね。］(4)［もう1度お尋ねします。ええと、お住まいの村はどちらですか？］(5) ドロスカ

リアカラです。ノスカリアカラに近いところです。(6)［ドロスカリアカラ？こ
こから20キロメートルでしたっけ？］(7) 20キロメートルです。(8)［ご職業は
なにですか？メロンを売っておられるのですか？］(9) メロンを売っています。
(10)［いつから売っておられるのですか、ここ、ここで？］(11) 20日になりま
す。(12)［20日？ 20日になるんですね。その前は何をしておられたのですか？］
(13) まだあと売るには20日もありますよ。(14)［ああ、まだ売るのに20日もあ
るんですね。］(14) ぼちぼち仕事をしてますよ。お金がいるからねえ。(15)［昔
はどんなお仕事をしておられましたか？］(16) 運転手です。(17)［運転手？
どちらで？］(18) バルガリボでです。

(19)［ブルガリ？？］(20) バルガリボ、バルガリボです。村ですよ。40年運転手
をしてました。(21)［ああ、いいですねえ。お子さんはいらっしゃいますか？］
(22) 2人です。(23)［2人ですね、男ですか女ですか？］(24) 男も女も両方です。
21歳で、一方は25歳です。(25)［子供さんたちはどこで働いていますか？］(26)
1人は給仕の専門学校です。(27)［どこですって？］(28) 給仕です、給仕。(29)
［給仕？］(30) レストランです。(31) レストランで働いているのですね。(32)
もう一方はボディーガードです。(33)［わかりました。あなたはいつもここで働
いておられるのですか？］

(34) ここです。(35)［他の場所に行ったことがありますか？］(36) バルナに
も行きました。(37)［え？］(38) バルナです、バルナ。(39)［バルナに行かれた
のですね？］

(40) 市場にね。(41)［外国へは行かれたことがありますか？］(42) ここでは
ブレチコに市場があります。(43) そこに持っていって，(44) そこで売るんで
す，もっとやすいですよ。(45)［それでは観光に行かれたことはありますか？ト
ルコとか他の国へは？］(46) トルコには行ったことはありません。ルーマニア
には行ったことがあります。(47)［ルーマニアに行かれたのですね。他には？］
(48)？セルチェコに行きました。(49) ハンガリーに行きました。

TEXT 3　カラアーチの生活

ガガウズ語（ブルガリア）のインフォーマント2
年　齢　60歳台
性　別　男性
調査地　Brestak（Kara aač）（ブルガリア）
職　業　農業
（　）内はインフォーマントの配偶者の発言

(1) bizim kara aač sarïlmïš odunla kara aač, (2) onun adï onučtan kara aač. (3) soora nasïl atï koysunlar "Brestak" söyleniyer… (4) "Karakiitze" Tarnovo'dan gelmïšler baštan ki adamlar Tarnovo'dan… Karakiitze, (5) bašler gdetoa ben gelmišim bašta, (6) soora benim agam 'bračet' geliyor buraya, (7) yaperler i bašlïyer, (8) var bahče, köy sarïlmïš odunla. (9) varmïš tauu ki geǰe gečmesin dušumanlar (10) nereye dere ačar kurt murt gelmesinler, alsïn koyunnar, (11) öyle küčük köymuš (12) taa büyük küčük oluyer, (13) bašlamïšlar yapmaa čošmee. (14) bu Kara aač'ta altï čöšme var. (15) čošmede yïktïlar her yerde čošme vardï. (16) bu čošmede yapmïšlar, (17) hayvan nereye giderse, o zaman olsun su, (18) yazïn hayvan su ičsin. (19) sen tarladasïn o yok su, gidip oturuyorsun yattïï, yattïkla ?rokomaa. (20) yattïk varmïš yokmïš, öyle šiše miše (21) yattïkla čalïšeriz, tašïyersin suyi. (22) o zaman hayvannar wašačka yokmuš. (23) ?yekeni yaparmïšlar büük harman. (24) benim harmanlar evde. (25) güzel diil išle, kelle taš. (26) Yapïyorlar yanï baš, aïl, ergeler. (27) 18 yergeler sayïlïyorlar bošta ?aïrïyorlar. (28) böyle bašlïyorlar čiimee düštüm gene (29) i alïp saman i deneyi toplïyorlar ambara (30) i böyle gečiniyormïšlar (31) bizim Kara aač`taki insanlar. (32) varmïš ?gamia ?demani (33) bir sürü vardï iinek hani saamaa, (34) bir sürü ǰoküz hani košerler. (35) bir sürü vardï yergereǰi, beygir, (36) yürüyorlar onlar te geriye ?varma, (37) sevgili alïyersun, košersun, bitiriyersun. (38) šimdi hadi götüryorsun orayï, meraya, (39) čok mera varmïš, (40) var insan onlar, bütün orada kovmasïn ki geǰe gündüz onlar orada. (41) küüde hayvan yokmuš, hepsi dïšarda… (42) o beygirli saade bakarmïšlar te bu arman ičin. (43) oga bittiinen…bašlïyorlar tašmaa ekmee (44) i o toplïyor ekini (45) burada derinen etrafta čok derinen, bir kač derinen varmïš. (46) müšteriler iki köynet bizim köyden, (47) o olur ?yapay var ki fikirnen ?kurderede… i

konušmayïn burada pis yapïyorlar,（48）i gidip kartondan soona bizim tarihte geč gǰuz,（49）bir arabayken ekin dolduruyorsun, ot šinik gidersun dermene,（50）biliyersin unluk derler unluklar vardï.（51）dolduruyorsun onu, gidersin maslaf oynaya,（52）ve arabaya ?üründü, zeytin yaa yapïyorsun gündüz kemik yaana,（53）i čok büük kïšlar oluyor（54）（kïš olmuyor gene oluyor.）（55）kïš olduunan burada hič kimse bir yere čïkamazmïš.（56）unï, zeytin, yaa var kadar, ǰivot var.（57）ii adem ile iyi yašarmïš derler, odun, Osmanlï unudur, un, yaa, odun do proletta.（58）ilk yaz geldiinen betta gene bašlïyorlar kïra čïkmaa.（59）byen bende bir amǰam vardï.（60）geldim ona tede olur ya bubamïn kardešlii.（61）benim babam dort kardaši, dort čoǰuk.（62）evde paturi poyes（košak der.）kalpak bütün te bu sïcak ta bičeri（63）i orak net yerlerde ne yazmïš. heee...（64）ha ööle bu eski adamlar öyle išlemiš.

（1）私たちのカラアーチ（地名）は木つまりカラ（黒い）アーチ（木）で囲まれているので（2）その名はカラアーチといいます。（3）その後、どうして名づけられたのか"ブレスタック"と呼ばれています。(4) 最初の移住者たちはタルノボ（カラキーツェ）から来たそうです。タルノボ（カラキーツェ）から…（5）私は最初の移住者のグループでだったようです。（6）その後、私の従兄弟がここにやって来ました。（7）（いろいろなものを）造り、そして居住し（生活を）始めました。（8）庭があり、村は木で覆われていました。(9) 鶏がいたので、夜に敵が進入してこないように（10）そこに小川を造り、羊を狙う狼などが来ないようにしました。（11）そんな小さな村だそうでした。（12）？大きくも小さくもなりますが（13）水場を造り始めました。（14）このカラアーチ村には6つの泉があります。(15) 水場で洗濯しました。あちこちに水場がありました。（16）この水場も作ったそうです。（17）家畜がどこへいこうとも水が必要になります。(18) 夏場には家畜は水が必要です。(19) 畑にいて、水がないとき？するためのヤットゥック（バケツの一種）ですわります。（20）ヤットゥックはありましたが、瓶のようなものなど当時はありません。（21）ヤットゥックを使って働いていました。水もこれで運びます。（22）当時は家畜の脱穀機は無かったそうです。(23) イェケ（木の名称）を大きな束にしました。（24）私の脱穀場は家の中でした。(25) いいものはないのですが頭ぐらいの石（脱穀用）を使いました。（26）同時に囲いを作り、馬の群れ（27）18頭の馬がいました。（28）このように草を食むことを始めました。（29）そして麦わらをとり、再び側に集めるのです。（30）そしてこのように

153

過ごしていたそうです、(31) 我々カラアーチ村の人々は。(32)？があったそう
です。(33) 乳を搾るための沢山の牝牛がいたそうです。(34) 野を駆ける沢山の
雄牛がいたそうです。(35) 沢山の馬がいたそうです。(36) それらは？後に向かっ
て進みます。(37) 恋人（馬の）を探して駈け追います。(38) そして牧草地に追
い立てます。(39) 沢山の牧草があったそうです。(40) 人間もいて、ずっと（動
物を）追い払うことは無かったので昼夜を問わず動物はそこにいることができ
ました。(41) 村には家畜はいなかったそうです。皆，野外で育てていたそうで
す。(42) その馬は脱穀のためだけに飼育していたそうです。(43) 夏がおわると
穀物を運び始めます。(44) そして穀物を集め (45) ここには水車、周辺には沢山
の水車小屋があり、いくつかの水車小屋がありました。(46) お客は我々の村出
身の2人の村人でした。(47)（周りのひとに向かって）ちょっと話さないでくれ
ないか、こっちの邪魔になるよ。(48) そして11月の後は我々の暦で秋なのです
が、(49) 1台の車を穀物で一杯にして、8キログラムの草で、そして水車小屋に
行きます。(50) ご存知のように粉引き場と呼ばれる、粉引きの場所がありまし
た。(51) それを一杯にして、製油工場に行きます。(52) そして車に積むのです。
オリーブ油を作り、日中は動物性油を作ります。(53) そして長い冬が来ます。
(54)［冬が来るんじゃなくて繰り返すんだよ］(55) 冬になるとここではだれも
（村の）外に出ることができなかったそうです。(56) 小麦、オリーブ、油があるの
で十分生活ができます。(57) いいアーデム（名前？）とともに良い生活ができる
といわれます、木、オスマンの小麦、小麦、油　春まで、(58) つまり初夏が来た
後は再び野に出はじめます。(59) 私、私には1人の叔父がいました 。(60) 彼の
ところに来ました、叔父になるのですが、つまり父の兄弟に当たります。(61) 私
の父は4人兄弟で4人の子供がいました。(62) 家ではパトリホエス（帽子の一種）
［それにコシャック（ベルトの一種）ね］とベルトをして、いつもこんな暑いとき
も鎌で刈るのです。(63) そして正確にはなんと書いてあるのかわかりませんが
…ええと (64) つまりこう、昔のひとはそんな生活を過ごしていたのですよ。

TEXT 4　ガガウズのひとたち

ガガウズ語（ブルガリア）のインフォーマント2
年　齢　60歳台
性　別　男性
調査地　Brestak（Kara aač）（ブルガリア）
職　業　農業
[　]内は調査者の発言

(1) šimdi bis Gagauzlar burada, čok in... insan karšïlarïz, (2) nereden de olsa, nereden de gelsin, bis insan yolda kalmaz, (3) bis čaarajaz, gelsin buyursun,otursun, iisin, ičsin, yok sen evde yatsïn o geje, (4) toplïyoruz evde, musafir kalsïn bize. (5) Gagauzlar baška yere, nače gidersede insan toplamaz, (6) gagouz, bis Gagauzlar nače nereyede gitsek, (7) nerede de olsak čok išlek adam (8) onlar, tra.. išlek čok...išleyen, iš ayïrmïyan maystora ?psyonna, (9) i hepsi išleyeri. (10) Ne verirsede, ne yaparsada ustalïk, (11) Gagauzlar taa čok zemedelets, zemedeliye išleyer. (12) proizvejdam, ekin, zelečik, biber, domate, karpuz, i gideriz panayïra satmaa. (13) aaa baška. bizde čok yalanjïlïk yok. (14) istrata söyleriz. istrata söyleriz insana. (15) čalmïyeris, gitmiyeris, čoktan alalïm para. (16) yoksa yeni isteriz obače alan istemez. (17) alan istemiyeriz, alan para. (18) gidejem, istejem, obače čalmiyejem. (19) biz Gagauzlar öyle, dedemizden kalmïš yööle üürenmišik, (20) bubam, jadïm, te öyle üüretmišler, (21) kimseye bir šey söylemeyerim, (22) yardïm ederim, yolda kalïrseydi toplayarïm insanlarï komuš vererim, (23) kimseye engel yapmayarïm, (24) baška ne söyleyim, (25) sen büün čok insanla karšlaštïn mï? [hum, hum karšlaštïm.] aa šöyle. (26) onlar taa čok biliyer, taa geziyerler (27) biz, hep išime čok gitmedik bir yere görelim nasïl ama konušuyeriz (28) te bu iš hani ben bileyim, (29) bu babudan görmüšüm tee uzaadan gelmišim, (30) čalïšïyeriz yašamaa, čalïšïyeriz azar azar, išleyeriz, ama (31) bu bizim bulgarisatan para čok yetmiyer, (32) para biliyersin ya. (33) išleyeriz parasïz. (34) byen išlediim otuz beš sene Derne'de (35) otuz beš sene Derne'de išledim, (36) bi yev yaptïm, Varna'da apartamen penče aldïm, (37) baška para yok. (38) nač čok az ödediler bize. (39) čok az ödediler i yapïlmadïk čok, (40) bi čojuk var bende te Goš benden Georgi söyleniyer, (41) yaptïm bir yev Varna'da (42) o kadar sen gittin var orayï? [var] (43) te bu te

bizim zenginnik, (44) baška yok bi šey. bu zenginnik, kïrk…otuz beš senede te bu te
yaptïk. (45) baška türlü para nereden yaparlar, (46) bana ben Derne'de išlerkende bana
vermediler čizgi bi yer, (47) misir ekmee karpuz ekmee yer vermediler, (48) ničin
da babumuz varmïš seksen deka tarlasï, (49) te ?kesede obahč bize vermediler, (50)
ničinki byende Varna'da pričina öyle da byen Derne'de išlenendeeni bïrakmïšïm küü
(51) bana burada…hesap olayler, vermediler yer. (52) ben hep satïn aldïm išim i bi
domzjïk bakayim, (53) bi korunĵaaz uzun uzun. (54) i iše čïkararïm üšaklar meydana.

(1) さて我々ガガウズ人はここで、沢山のひと、人々に出会います。 (2) どこか
らでも、お越しください。(3) 私たちは旅人に宿がないというようには致しませ
ん。(3) 私たちはお呼びします、どうぞお越しください、お座りください、お食
べください、その晩は家でお泊まりください。(4) 家で集まります、客人として
お泊まりください。(6) ガガウズ人は、私たちガガウズ人はどこに行ったとしても
も (7) どこにいてもとてもよく働くひとたちです。(8) 私たちはよく働き、仕事
を区別せず、専門職人であります。(9) そして皆、よく働きます。(10) 何を与え
ても、なにをしたとしても専門職人です (11) ガガウズ人の多くは農民です。田
畑で仕事をします。(12) 穀物、キャベツ、ピーマン、トマト、メロンを生産し、そ
して市場に売りに行きます。(13) ああ、その他には我々の間にはうそつきは大
変少ないです。(14) 正しいこと、正しいことをひとに対しては言います。(15) 盗
みもしませんし、お金を余計に取ろうともしません。(16) もちろん請求には行
きますが、しかし借金を求めません。(17) 借金をもとめません、つまり金に汚く
ないのです。(18) そこを尋ねて行って請求はしますが、盗みはしません。(19) ガ
ガウズ人はこんな風なのです。先祖から引き継がれた伝統でこのように教えら
れてきたのです。(20) 父や祖父はこのように学んできたのです。(21) 誰かにな
にかを言い求めないようにします。(22) ひと助けをし、道に迷ったらひとを集
め、隣人のように振舞います。(23) ひとの邪魔をしません。(24) 他になにがあ
りますかねえ。(25) あなたは今日、沢山のひとに会いましたか？ (26) [ええ、会
いました] ちょっと教えてください。あのひとたちは沢山知っているし、いろい
ろなところに行っています。(27) 私たちはいつも仕事してるので、あまりいろ
んなところにいったことがありません。どんなのか知りたいですが、話では聞い
ています。(28) 私が知っている話なのですがね。(29) これは父から聞いたこと
ですが、とても遠くから来たそうです。(30) 生活のため働いています、少しずつ

ですが働いています。(31) 私たちのここブルガリアではお金がぜんぜん十分なものではありません。(32) お金わかりますよね？(33) 無給で働いているようなものです。(34) 私は35年間デルネで働きました。(35) 35年間デルネで働いていました。 (36) バルナに1軒の家を購入しました、アパートなのですが給料をもらってましたので。(37) 他にお金はありません。(38) なぜなら私たちにはほんの少ししか払ってくれないのです。(39) とても少ない支給しかないのでいろんなことができませんでした。(40) 1人子供がいます。ゲオルグといいます。(41) バルナに1軒の家を建てました。(42) あなたはそこに行ったことがありますか？[はい] (43) つまりあれだけが私たちの財産のすべてなのです。(44) 他にはなにもありません。40年…30年でやっとこれができました。 (45) 他にいろんなお金をどうして工面することができるでしょうか？(46) 私に、私がデルネで働いているときにも小さな土地さえくれませんでした。(47) とうもろこしやメロンを育てる場所をくれませんでした。(48) なぜかというと父には80デカーの畑がありました。(49)？しかし私たちにはくれなかったのです。(50) なぜかというと私にはバルナに私がデルネで働いているときに村を後にしたことになったという理由からです。(51) ここで収支はこうなり土地をくれませんでした。(52) 私は豚を飼育しようとお金をだして購入しました。(53) 長い間飼育しようと考えました。(54) そして子供たちが仕事をするように考えてます。

TEXT 5　ガガウズのことば

ガガウズ語（ブルガリア）のインフォーマント2

年　齢　65

性　別　男性

調査地　Brestak（Kara aač）（ブルガリア）

職　業　農業

［　］内は調査者の発言

（　）内はインフォーマントの配偶者の発言

(1)［siz ana-babadan Gagauzja üürendiniz?］(2)［ne zaman Bulgarja üürendiniz? ne zaman Bulgarja?］(3) šimdi bis gene Bulgar, obače, bis, bizim dyedem, jadï, onlar Bulgar školasïna ič gitmemišler, sade Türkiče, Türkče konušuyormušlar. (4)［siz kursa gittiniz.］(5) byen škola gittim. (6)［ne zaman, kač yašïnda?］(7) sekiz yašïnda bašladïm, sekiz yašïnda bašladïm. (8)［ondan sonra Bulgarja konušmaya bašlađïn?］(9) bašladïm. školaya gitttinen, deyl taa illerde, (10)（biz Bulgarja da konušeriz.）(11)［ne zamandan beri, ne zamandan beri?］(12) bunlar düüdüü düyeri hep Bulgar konušeriz. (13)［düüdüüdan beri mi?］(14)（aa ?syule aa bu Gagauz te öyle öörenmišik.）(15)（oradan burdan ?mišik, mïsïk yïllardan okuyerdik ama bilmiyeriz.）(16) öyle škola yok. Türkče ile Gagauzja konušarïm. (17)（yok öyle）Bulgarja. (18)（biz Bulgar, te bu nasïl öörenmišim onu）(19)［angisi daha iyi konušersun? hangisi daha?］(20) Bulgar , Bulgarja. taa iyi konušeriz, Türkčeyi bilmiyeriz čok. Gagauzjayï bilmiyeriz. (21)［siz, siz］(22) byen bilmiyerim čok. (23) konušer ama Gagauzjayï konušamayïm. (24)［haa, daha Bulgarja. ikinizde Bulgarja? (25) mesela bu olmadïï zaman Bulgarja? Bulgarja konušersin?］(26) haa Bulgarja konušeriz. (27)［daha kolay?］(28) taa kolay (29)（o bizim dilimiz）(30)［diliniz Bulgarja?］(31) dilimiz Bulgarja. (32)［ama sizin jadï, jadï, jadïlar Gagauzja?］(33) aa Gagauz. (34)［Bulgarja bilmez?］(35) bilmiyer. (36) jadïlar bilmezmiš Bulgar. (37)（pak niye Gagauz? farkïnda oluyer.）(38) farkïnda oluyer ama dili, dili, dili vermiš. ... (39) šimdi Türkler ?elelde beš yüz sene ... (40) čakara, čakara, čakara, čakara škajan. (41) bes yüz sene, otuz kïroft, Türkče otuz kroft var beš yüz sene, (42) obače, o zaman taa bize škola yapmazmïšlar. (43) Türkče konušeyeriz, Türkče ama akana Türkče bilmiyeriz, (44) bu Gagauz oradan kalmïš, ani konušeriz Gagauzǯa. (45) šimdi bis bu Gagauzǯa konustuunan, (46) Türk ǯandarïnï, aa bu Türkče konušeri ilišmezmišler bize, (47) aa Bulgarǯa konušersin ?apoda, (48) eer iyilik Türkče konušaǯan, (49) fes koyaǯan, öyle yašaǯan burda. (50) onučtan bis bašlangïč Türkče bilmiyeriz čok apa Gagauzǯa.

(1)［あなたはお父さんお母さんからガガウズ語を習ったのですか？］(2)［いつブルガリア語を勉強されましたか？いつブルガリア語を？］(3) さて、私たちガガウズ人は同時にブルガリア人なのです、しかし私たちの祖父母はブルガリア人の学校にぜんぜん行かなかったそうです。トルコ語だけ、トルコ語を話していたそうです。(4)［あなたは語学コースに行かれたことがありますか？］(5) 私は学校に行きました。(6)［いつ？何歳のときですか？］(7) 8歳のとき習い始めました。8歳のとき始めました。(8)［その後、ブルガリア語をしゃべり始めるようになったのですか？］(9) しゃべり始めました。学校へ行き始めてからです。ずっと先になってからではありません。(10)（私たちはブルガリア語も話すのよ）(11)［いつからですか？いつから？］(12) 生まれてすぐにブルガリア語を話すようになるのです。(13)［生まれてからですか？］(14)（？ああこのガガウズ人はこういうように学んだのです。）(15)（あちこちで何年もかけて？学んできたのです、しかし正確なところはわかりません。）(16) 学校みたいなのはないのですよ。トルコ語とガガウズ語を話すのです。(17)（そういうのはないですね）ブルガリア語です。(18)（私たちはブルガリア人ですが、どうやってこれを学んだのでしょうねえ？）(19)［どちらがより流暢に話せるのですか、どちらがより？］(20) ブルガル…ブルガリア語がより流暢ですね、トルコ語は余りわかりません、ガガウズ語はわからないのです。(21)［あなた、あなたのことですよ。］(22) 私は余りわかりません。(23) 一応話はするのですが、ガガウズ語は話すことができないのです。(24)［ああ、ブルガリア語、お2人ともよりブルガリア語なのですね。(25) 例えばこの方がいないときはブルガリア語、ブルガリア語で話すのですね。］(26) ええ。ブルガリア語を話します。(27)［より簡単ですか？］(28) より簡単です。(29)（それは私たちの言葉なんですよ。）(30) 言葉はブルガリア語ですか？(31) 私たちの言葉はブルガリア語です。(32)［けど、あなたのおじいさん、おじいさん、おじいさんたちはガガウズ語なのですね？］(33) ええ、ガガウズです。(34)［ブルガリア語を知らないのですか？］(35) 知りません。(36) 祖父はブルガリア語を知らなかったそうです。(37)（け

ど、どうしてガガウズと意識してるのでしょうね？）(38) 意識しています、けど
言語、言語、言語を失ってしまったのです。(39) 今トルコ人は500年間…？(40)
待って、待って、待って、待って、ちょっと。(41) 500年間？30クロフト、トルコ
語は？30クロフトあります。500年間 (42) しかし当時私たちに学校を作らなかっ
たそうです。(43) トルコ語を話しているのですが、同世代のひとはトルコ語は
知らないのです。(44) ガガウズ語を話すという理由でガガウズという名が残っ
たようです (45) さて、私たちがこのガガウズ語を話したとき、(46) トルコの警
察は、ああこのひとはトルコ語を話しているとは通じなかったそうです。(47)
ああブルガリア語を話しているのですね？(48) 次のように言いました、上手な
トルコ語を話しなさい。(49) トルコ帽子をかぶってここでは生活しなさい。(50)
そのような理由で私たちははじめは、あまりトルコ語は知らなくてガガウズ語
だけだったのです。

TEXT 6　ガガウズの村の食生活

ガガウズ語（ブルガリア）のインフォーマント3
年　齢　60歳台
性　別　女性
調査地　Kara aač（ブルガリア）
職　業　農業
［　］内は調査者の発言

(1) yeni senede keseriz bis domuzǰuk. (2) maymesets keseriz kuzu, bu idi. … (3) ruba
ičin ne söyleyim? (4) birer insanǰïk, aaa yïkaǰaklar bizi, (5) yok diištirmee, aalayeriz,
(6) yaptïlar bir rubacïk öyle domu o čok saklardï, (7) o kenebir hani geldiler, bilmem
biler misin? (8) yaptïklardan, o saklar biz aalayeriz, onlar yïktïlar bizi, (9) bekleriz
yöbür hafta gelsinde, (10) bir yumšak vardï, onu götürerin. (11) biraz rahat görerim,
čok ya, ?kopu ne soyleyim, (12) yev, ev, o zaman yok, yok bi šey, (13) pat odundan,
tüflek, saman, saman istüne yattïk, ne söyleyim čok, onlar čok, čok, čok gečirdik. (14)
no, sonra sona geldik Bustra'ya, (15) bašladïk biraz biraz kendimize gelmee, (16) ve
rubacïk ve šunu, bunu, ee eelenǰe burayï, (17) ?buna verdim bunu da, saa olsun gençler
epsi diiširdi, hepsi diištirdi, (18) gençler na predïna išlahïč obače šimdi nas kestiler
onlar išten, (19) kestiler ayalayak ne yapaǰak gençler, bilmem. (20) čok iššiz šimdilik
čok iššiz. (21) o zaman baška ne söyleyim? ne neden, ne istersin siz söylemee o zaman
taa. (22) ［manǰa, nasïl manǰalar olur? manǰa］ (23) manǰa, biber domati suwan, boruǰa,
kišin bir bučuk raana bir bučuk biber, boruǰa, (24) bu idi imyak mamaliga, misirgan
yapardïlar. (25) ［nasïl manǰa yaparsïnïz?］ (26) manǰa, bu yüč türlü manǰa, kartof bo…
boruǰa, boruǰa, lahana, kartof, manǰalar bu idi, yoktu. (27) düün yapardïlar, bi hafta
düün. (28) keserler bi koyun bir hafta bir koyun, (29) yok o kadar čok insan, sade
bisinler, bir, isa. (30) baška hepsi posun, yok ne kardar yeterse bir koyun, biri o kadar,
?daadatmadan. (31) apaka čok šenli insannar, čok šenliler, muhabbet, šawlar, oyun,
čok, (32) šimdi yok, šimdi ?atoroǰamara belki bilerim, (33) hepsi učayan iš ičin, para
yok, ušaklar itiir bunlar titiz, (34) bilmem nasïl iš čïkaraǰak, bilmem manǰalar bu idi…
yok te böyle moderno manǰa. yüč tür mannǰa, bu idi. (35) ［kiliseye gidiyor musunuz?,
klise?］ (36) klise? giderdik. učastiye alïrdïk. (37) paskeliye, paskeliye belki o yaalï

yok eti yok（38）ama götürdiler bizi daǰe ben školadayken bizi götürduler školadan
ušaklarï,（39）popaz bize manǰa verirdi…varsa ev ama yok,（40）yiyeǰeyim yoksa gene
posnoya,（41）giderdik kliseye, alïrdïk…, šimdi unuttuk hepsine.（42）［šimdi gidiyor
musunuz?］（43）šimdi iš čok gidemiyorum. gidiyorda gene kimi alïrsa gider,（44）ben
gidemiyorum. Allaha kalan iš…no gidemem.（45）［peki ušak dili bilmiyor deyil mi?］
（46）ušaklar bilmiyor kïs. onlar getirmiyor.（47）ne Türkče veryorlar šimdi onlara, čok
šey görünüyor,（48）hani konušuyor Türkče senile ?anna interesan onlara（49）ničinde
bilmiyer ušak. ne Türkče baška baška yazik kakočaskii Angliski, Nemskii, Türkčeyi
bilmiyor.（50）apa išlee bilersin Türkče.（51）［bu torun deyil mi? torun? torun torun
bunun čoǰuk.］（52）iki var. bu buyuk öbür küčüü yok.（53）［bu da hič bilmiyor mu?］
（54）hič hič bilmiyer.

（1）新年には豚を料理します。（2）3月には子羊を料理します。…（3）衣服につい
ては何をお話しましょうか？（4）それぞれ一人用しかないので私たちを洗った
とき（5）着替えがありません。私たちは泣いていました。（6）下着のような、か
ぶさり隠れる1組の服を作ってくれました（7）ケネビ（布の一種）で作ったもの
なのですが、わからないけど、ご存知ですかね、とにかく作ってくれたのです。
（8）作ったものを私たちに着せて、私たちは泣いていました。（9）次の週に来る
ことを待っていました。（10）やわらかい（服）のがあるのでそれを持ってきてく
ださい。（11）そうすると少しは楽になります。？次に何をお話しましょうか？
（12）家、当時は家はありませんでした、何もありませんでした。（13）マットレス
は木で作り、藁で作ったベッドでした。何を話しましょうか？そんな状態が長く
長く続いたのです。（14）その後、ブストラににやってきました。（15）やっとどう
にかこうにか、まともな状態になってきました。（16）そして服をはじめ、そして
あれやこれや（まともになりました）、ああ、ここで結婚すると（17）？これにあ
げました。これもね。若いひとのおかげですべて変わりました、すべて変えたの
です。　（18）若いひとはまず初めはとてもよかったです。しかし現在は仕事が
ないのです。
（19）いろいろなことが終わってしまいました。　若者はこれからどうしたらい
いのでしょう？わかりませんね。（20）今はぜんぜん仕事がないのです。全くあ
りません。（21）それでは他に何をお話しましょうか？何か、何を話してほしいで
すか、もっと？（22）［食べ物、どんな食べ物がありますか？食べ物］（23）食べ物

はね、唐辛子、トマト、たまねぎ、いんげんまめ、冬には1キロ半のキャベツ、1
キロ半の唐辛子、インゲン豆 (24) こんなのでしたよ、食べ物はね、トウモロコシ
から作ったママリーガ (パンの一種) を作ったものです。(26) 食べ物は3種類で
すね、ジャガイモ、インゲン豆、インゲン豆とキャベツ、ジャガイモ、食べ物は
これらだけで他にはありませんでした。(27) 結婚式をしたものです。1週間かけ
た結婚式です。(28) 羊を料理し1週間で1頭の羊を料理します。(29) あまりひと
はいないのですが、親戚と家人だけです。(30) 他は全部肉のない食べ物です。ど
れほど十分かわかりませんが、1頭の羊だけです。(31) しかし、とても陽気なひ
とたちです。とても陽気です。おしゃべり、詩、踊り、いろいろあります。(32) ？
今はありませんね。(33) 仕事の面では希望がありません。お金がありません。
(34) 今後どのような仕事があるかわかりません。わかりませんが、食べ物は以
上述べたような感じです。このような (指で示しつつ) 現代的な食事はありませ
ん。3種類の食べ物がすべてでした。 (35) ［教会に行っていますか、教会に？］
(36) 教会？行ってましたよ。お祈りをしてました。(37) 復活祭、そう復活祭には
油ものもないし肉もありません。(38) しかし、私たちを連れてゆきました。なぜ
なら私が学校に行っているとき、私たちを連れて行きました、学校から子供たち
をね。(39) 牧師さんは私たちに食べ物をくれました…家はありましたが (食べ
物) がありませんでした。(40) 食べるものがなければ、また肉抜きの料理です。
(41) 教会に行ってお祈りをしていましたが、今ではすべて忘れてしまいました。
(42) ［現在は行っておられるのですか？］(43) 今はやることが沢山あるので行
くことができません。行くとしても、誰か行くひとがいれば行きます。(44) 私は
行くことができません。神様のみがご存知です。行くことができません (45) ［そ
れでは、子供は言葉 (ガガウズ語) を知らないのですね？］(46) 子供たちは知り
ません。 彼らはわかりません。(47) 今はトルコ語を教えませんが、いろんなこ
とを学んでいます (48) ほら、あなたとトルコ語を話しているのが、彼らにとっ
て興味深いのですよ。(49) なぜかというと、子供は知らないからです。トルコ語
は知りませんし、他に、他の言語、何語ですかね、英語、ドイツ語 (を知っていま
すが)、トルコ語は知りません。(50) しかし、あなたはトルコ語をよくご存知で
すね。(51) ［この子はお孫さんですね？お孫さん？ 孫、孫つまり、このひとの子
供ですね？］(52) 2人います。この子は上の子でもう一方、下の子は今いません。
(53) この子もぜんぜん (ガガウズ語を) 知らないのですか？ (54) ぜんぜん知り
ません。

TEXT 7　ガガウズの村の家族

ガガウズ語（ブルガリア）のインフォーマント 3
年　齢　60歳台
性　別　女性
調査地　Kara aač（ブルガリア）
職　業　農業
［　］内は調査者の発言

(1) küčüü dokuz, büyüü on yort. (2) ［onlar školaya gidiyorlar mï?］(3) gidiyorlar.
(4) ［her gün mü］(5) koǰamanï burdan baška köye gideri, hani gečeǰeyiniz šimdi. (6)
baštanki küü orada okuyeri, küčüü burada okuyeri. (7) ［onlar nasïl gider uzaa, otobusle
mi gider?］(8) koǰamanï otobusno, küčüü yayan. (9) sabaleyin yollïyerim, öölenden
geliyer, küüde onučtan. (10) ［čoǰuklar nasïl bakïyorsunuz?］(11) nasïl? byen mi? (12)
kendim gibi. babasï gibi, babasï nasïl bakmïš mi onlar da öyle bakïyer, (13) onlar benim
ičin öyle. babo nina diye bana ?yalar. (14) ölmeyeǰem, hič ölmeeǰem. burada duraǰam,
(15) ničinda, yapïyer išim, babu bakïyeri, onučtan.
(16) ǰadï yok, ǰadï gitti. (17) ［ne zaman?］(18) bešinǰi sene topladïk.
(19) dyort bitirdi, bešinǰi topladïk. (20) o čok išlee konušurdu, bilirdi, čok išlee bilirdi,
(21) saa olaydï, konušaydï sana… (22) ev o zaman išleyemem, (23) čok ?benyaard, ben
?bennyaramam čok. ben čok tee buradayïm. (24) ［peki sizin arkadaš, arkadaš bileersin.］
(25) ne? (26) ［arkadaš kimler var? buralarda］(27) benim mi? (28) ［hum hum］(29)
arkadaš karïdan mï bir tür? (30) ［komušda］(31) gelir, hepsi arkadaš. (32) ［mesela en
yakïn kimdir?］(33) en yakïn uuu koǰamïn karïsï burada, (34) birda benim kardešim
karïsï burada. (35) burada yašïyerler, ama išten görüšmeyeris. (36) görüšamayïs čok
iš. (37) ［siz mi iš yapïyersiniz, yoksa onlar mï iš yapïyer?］(38) angïsï? hepsi išleyeri,
hepsi, byen de, ušaklar da, yöbürlerde, iši hepsi, kalpazan yok.
(39) Bulgar kïsïmï čok islek. (40) čok ta insanlïk, čok ta insan karšlïyorlar. (41) ama
öyle oldu da kestiler ellerini aalemin bu ?čubevlino. (42) ničin öyle oldu, karštï, čok
karïštï bilmem, (43) siz orada kumenteria gidersiniz? (44) Bulgariya`da nasïl poloǰeniye
da. biliyermisiniz Yaponya'da, (45) biliyerler mi bizi, (46) nasïl göreǰeyiz biz, (47)
anlïyorlar mï bizi, poloǰeniye'den mi? (48) nasïl ?kesk poloǰenye Bulgaria? (49) ama

kimseye yardïm edemiyeri herkes. (50)［siz okul sekizinĵiye kadar okudunuz? okul ušakken］(51) yedinĵi sedmi klas, yedi, yedinĵi. (52)［yedinĵiye kadar］(53)［ondan sonra čalïštïnïz.］(54) ondan sonra vevlendim, i bašladim iša. kïra, zavoda gittik. (55) nerede bulursa, nerede bulursa, nerede bulursa iši. (56)［peki, devamlï bu köyde mi kaldïnïz, yoksa baška sehir...］(57) burda, burda. (58)［hep burda?］(59) burda, burda dordum, burda yevlendim, burda yašeris. (60)［peki, koĵaniz nasïl buldunuz? kendiniz mi tanïštïrdi? (sic)］(61) köyde.. byen bir školaya giderdik, görüšürdük, ondan. (62) ［kendiniz tanïštïnïz?］(63) hum, hum. öyle oldük. (64)［peki, bu köyde čorbaĵï kim idi?］(65) ne? (66)［čorbaĵï］(67) bu? bu yevden mi? (68) čorbaĵïlar yöldü, ihtiyarlar yöldü, ihtiyarlar vardï (69) ama yöldüler. sonra koĵam kaldï evlere, (70) ?ko ana sevsinler, šimdi o da evli, šimdi čoĵuk o anasïna severi. (71) byen büyük ama byen ana. (72) ne ?ko ana sevirsin orada. (73)［koĵanïz ne yapïyordu? koĵanïz］

(74) iš mi? (75)［um. iši.］(76) profesiyayimiš, strogar. (77)［stroga? profesya? sizin koĵanïz. hangi okulda?］(78) čok...Varna'da okudu o. (79) Varna'da okumuš iki sene. (80) bu profesya ičin. sonra išledi, (81) belki otuz seneden yukarï iši var. (82) hep bir иšte. hep strogar, (83) ama strogar bilinĵi čok, mayster.［中略］(84)［gezmee gittiniz mi? gezmee, yabanĵï ülkeye?］(85) gittiim var. Romaniye`ye gittim. (86)［nasïl idi o ülke?］(87) burada išlerken snya komplekste domuz baktïk, (88) ordan getirdiler bizi nasïl šimdi biz nasïl burada, (89) o zaman orada onlar öyle idi. (90) onlar durulduz, biz hepten karštïk.

(1) 下は9歳で、上は14歳です。(2)［彼らは学校に行っていますか？］(3) 行っています。(4) 毎日ですか？ (5) 上の子はここから他の村に行っています。ほら、今から（車で）通り過ぎるところですよ。(6) 一番目の村ですが、そこで勉強しています。下の子はここで勉強しています。(7) 彼らはどうやって遠くまで行くのですか？バスで行くのですか？ (8) 上の子はバスで行きます。下の子は歩いていきます。(9) 朝送り出して、午後から帰ってきます。村ですからね。(10)［子供たちをどのように面倒みていますか？］(11) どのように？私がですか？ (12) 自分の子のようにですよ。子供のお父さんと同じようにです。お父さんに対してと同じように子供たちの面倒をみています。(13) 子供たちは私のものですからそうするのです。お父さんのおばあちゃんと私の事を呼びます。(14) 死にません。 絶対に死にません。?ここにずっといます。(15) なぜかというと仕事をし

てますし、お父さんが面倒をみていますから。(16) おじいちゃんはいません。おじいちゃんは亡くなりました。(17) [いつのことですか?] (18) 5年になります。(19) 4年が終わり5年になります。(20) あのひとはとても上手に (ガガウズ語を) 話して、知っていましたよ。とてもよく知っていました。(21) 生きていたらあなたと話せたことでしょうね… (22) 家では当時仕事をすることができませんでした。(23) ?あのひとはとても?話すことができました。わたしはあまり話すことができません。私はずっとここに居ます。 (24) [次に、あなたのお友達、お友達ってわかりますね?] (25) なに? (26) [友達はどんなひとがいますか?ご近所で。] (27) 私のですか? (28) [はい、そうです。] (29) 友達って女のひとのですか? (30) [近所のひとで。] (31) 来ますよ。皆友達です。(32) [例えば一番親しいのはどなたですか?] (33) 一番親しいのは…ええと…主人の女兄弟がここにいます。(34) それと私の女兄弟がここに住んでいます。(35) ここに住んでいます。しかし仕事があるのでなかなか会えません。 (36) 沢山やることがあるので会うことができないのです。(37) [あなたのお仕事があるのですか、それともお友達がですか?] (38) どのひと?皆働いています。皆。私も子供たちも、他のひとも皆仕事をしています。怠け者はいません。(39) ブルガリア地方はとても働き者です。(40) また人情味があります。ひとの面倒をいろいろとみます。(41) しかし今まではそうだったのですが、世間のつながりがなくなって参りました。?ここ(固有名詞)では… (42) どうしてそうなってきたのでしょうか、とても混乱しました、なぜかとても変わりました。(43) あなたのお国で共産主義はありますか? (44) ブルガリアがどのような状態か日本ではご存知ですか? (45) 私たちのことを知っていますか? (46) 私たちはどうやって知ることができますか? (47) 私たちの事を知っていますか、状況を? (48) ?ブルガリアの状況がどのようなものかを。(49) しかし皆、誰に対しても手助けすることができなくなってしまいました。(50) [あなたは学校を8年生まで勉強されたのですか?子供のころの学校の話です。] (51) 7年生のクラス、7年生。(52) [7年生までですね。] (53) [その後は働かれたのですね?] (54) その後、結婚しました。 そして仕事を始めました。 農地や工場に行きました。 (55) 仕事のあるところならどこでも、その仕事をしました。 (56) [それでは、ずっとこの村で住んでおられるのですか、それとも他の町へは?] (57) ずっとここです。(58) ずっとここなのですか? (59) ここです。ここで生まれ、ここで結婚し、ここで生活しています。(60) [それではご主人とはどうやって知り合われましたか?自分でですか?それとも誰かの紹介

ですか？］(61) 村でです。私は学校に通っていました。そこで会いました。 (62)
［自分たちで知り合ったのですね？］(63) はい、そういうことになります。(64)
［それでは、子の村の長はどなたでしたか？］(65) なに？ (66)［長です。］(67) こ
の、この家のですか？ (68) 家長は亡くなりました。老人は亡くなりました。老
人はいましたけれどね。(69) けど、亡くなりました。その後、私の主人が（長に）
なりました。(70) ？結婚以来、慕われていました。今はもうあの子（息子）も結
婚していますし、子供は母親を慕っています。(71) 私が（一番）年上ですが、私
は女親です。 (72) ？そこでは女親が（？長として）慕われるわけではありませ
ん。(73) ご主人は何をしておられましたか？ご主人は。(74) 仕事ですか？ (75)
はい、仕事です。(76) 鉄鋼業の専門職人です。(77) 専門職人？ご主人はどちらの
学校でしたか？ (78) 長年…バルナで勉強しました、あのひとは。(79) バルナで
2年間勉強したそうです。(80) これは職業訓練のためです。その後、仕事につき
ました。 (81) おそらく30年以上仕事をしていました。(82) ずっと1つの仕事を
して参りました。ずっと鉄鋼業をしていました。(83) しかし鉄鋼についてよく
知っており、専門職でした。 ［中略］(84)［観光に行かれたことがありますか？
観光のため、外国に。］(85) 行ったことはあります。ルーマニアに行きました。
(86)［その国ってどのような感じでしたか？］(87) ここで働いているときに豚の
飼育所で豚を飼育していました。(88) 私たちをそこから連れて行ってくれまし
た。あそこの現状とここの状況の（比較のため）(89) 当時はそこではここと同じ
ような感じでした。 (90) かれらはうまくいきましたが、私たちは完全に無茶苦
茶になってしまいました。

TEXT 8　自伝1

ガガウズ語（モルドバ　コムラット近郊出身者）のインフォーマント1
年　齢　62
性　別　男性
調査地　イスタンブル（トルコ）
職　業　牧師
［　　　］内は調査者の発言

(1)［doun tarih kač idi?］(2) ben doomušum 1939 yïlnda 22sinde Mayïs. (3) šimdi 62 yašïndayïm. (4)［nerede doodunuz?］(5) düüdüm, Düzginǰe küüsünde, ona doosunu demek Düzgünǰe küü Komrat rayonu Moldova Buǰaklarda. (6) aynïsï benim yešimde düüdü Düzginǰe'de. (7) Komurat rayonun'da Moldova'da i 15inde Mayïs 1941 yïlnda. (8) var beš čoǰuumuz, dyördü oolu, birisi kïs. (9)［peki kač yaša kadar orada oldunuz?］(10) orada olduk 1998'e kadar. (11) 1998'inǰi ayda Kasïm ayïnda biz geldik Istanbul'a, (12) šimdi burada ašaa yukarï, yaklašïk ič yïl. (13)［98'ye kadar hep Gagauziya'da?］(14) Gagauziya'da diilik, ben čok yerlere gittik. (15) yašadïm 1970'inǰi yïla kadar, kendi küüde, kendi küüde išledim, kendi küüde, (16) 1970'inǰi yïlïnda diištim Komurat kasabasïna, (17) 1971'de diištim Kunčesi kasabasïna, o zaman ki adïna Kortovskii, orada da yašadïm 1976'ya kadar. (18) 1976'da diištim Veanitza oradada yašadïm daa yidi yïl. (19) 1984'te geldim eniden Komurad'a sonra 1984'ten yašadïm, 1993'ye kadar Komurat'ta, sonra ben gečtim Bendere, bir yïla kadar yašadïk Komurat'ta ama išledim Bendere. (20) sonra ailem ile gečtim Bendere'ye. (21) Bendere'den bis sona kadar yašadïk Bendere'de, (22) Komurat'ta sattïk yevimizi, aldï bi daire Kišinov, merkez kasabasïnda (23) ama yašamaa istemedik, onu verdik. (24) kendimiz geldik Türkiye'ye. (25) bu bizim yašama, išleme yeri. (26)［peki eyitim nasïl oldu? eyitim nasïl görmüš?］(27) ben üürendim küü okulda 10 sïnïf bitirdim, (28) daa sonra ben üürendim Moskova'da ama nasïl demek yevden mektupla. (29)［tamam ačïk ööretim.］(30) üniversitet, üniversitede üürendim …… (31) ben Türkče bilmiyorum… okumak, güzel okumak ičin, nasïl demek? … (32) orada onu da bitirdim bu kadar, üniversite bitirdim. (33)［ešiniz nasïl idi ešiniz?］(34) yesim, o önǰe bis išledik Korhoz'da Korhoz nerede fermalerin hepsi bir yerde toplu. (35) butun küü išler Korhoz'da. (36) Korhoz bizde deyerdiler ortak gibi. Išledim bis orada. (37) ben išledim küčüklüünden 12, 10 yašïndan. (38) yešimde hep büüle. sonra išledik yev yapmak taa ?soamak taa inšaatlarda išledik, (39) sonra ben terǰuman išledim din görevisi išledim. (40)［din görevisi ne zaman bašladïnïz?］(41) čok erkenden din görevlisi oldum, 19 yašïnda te sona kadar sadeǰe askere gitii zaman, (42) ben bir yïl askerlik yaptïm. (43) orada ondan sonra geldim devam ettim, (44) ?išleme üč kez beni hapis haneye koymak istediler. (45) ima.. inač ičin sevep neden čoǰuklar girerler dua evine, nereden čoǰuklar kabul edersin krisaya (46) neden čoǰuklar kovmarsïn, neden čok vaftiz eder, neden insana.. insana üüretiyersin komunizm olmayaǰak. (47) büler šeyler ičin ič kez hapishaneye istediler, (48) ama čünkü sučum yoktu koyamadïlar. (49)［ešiniz nasïl eyitim gördü?］(50) yedi sïnïf oldu ve nasïl demek? (51) muzik, muziklar üürendi ama resmi diil.

(1)［誕生日はいつですか？］(2) 私は 1939 年 5 月 22 日に生まれました。 (3) 現在 62 歳です。 (4)［どこでお生まれになりましたか？］(5) ドゥズギンジェ村で生まれました。正しくは (6) モルドバ、ブジャックのコムラット県ドゥズギンジェ村です。(6) 同じように私の妻もドゥズギンジェ村で生まれました。 (7) モルドバ、コムラット県で 1941 年 5 月 15 日にです。(8) 5 人の子供がいて 4 人の息子と 1 人の娘がいます。(9)［それでは何歳までそこにお住まいでしたか？］(10) そこには 1998 年までいました。 (11) 1998 年の 11 月にイスタンブルに来ました。 (12) 今ではここで、大体 3 年になります。 (13)［98 年までずっとガガウジアにおられたのですか？］(14) ガガウジアだけではありません。私たちはいろんなところに行きました。(15) 1970 年までは自分の村に住んでいました。自分の村で働きました、自分の村でね。(16) 1970 年にコムラットの町に引っ越しました。(17) 1971 年にクンチェシの町に引っ越しました。当時の名前はコルトボスキーでそこで 1976 年まで生活しました。 (18) 1976 年にベニツァに引越ししてさらに 7 年過ごしました。 (19) 1984 年に再びコムラットにやってきて、その後ベンデラに移りました。1 年間コムラットで生活しましたが仕事はベンデラでしていました。(20) その後、家族とともにベンデラに移住しました。 (21) ベンデラから、私たちはベンデラで最後まで生活しました。 (22) コムラットの家を売り払い、首都のキシニョフでアパートを買いました (23) しかし生活する気が起きませんでしたので、ひとに貸しました。 (24) 我々はトルコに来ました。 (25) ここは、私たちの生活の場であり、仕事場です。 (26)［それでは教育はどんな感じで

すか？どんな教育を受けられましたか？］(27) 私は村の学校で10年生を終えました。 (28) その後、モスクワで勉強しましたが、なんていいますか、家から手紙でするものです。(29)［ああ、通信制ですね。］(30)大学、大学で勉強しました。(31) 私はトルコ語でなんていうかわかりません。読むこと、よく読むことをなんていいますか？ (32) そこで、それも終了しました。こんな感じで大学を終えました。 (33)［奥さんはどんなふうでしたか？］(34) 妻は、彼女はまず私たちはコルホーズ、農場の皆が集団で働くコルホーズで働きました。 (35) 村の皆がコルホーズで働きました。(36) 我々のところではコルホーズは集団のものでした。そこで我々は働いていました。 (37) 私は10歳から12歳の小さいころから働いていました。 (38) 妻も同じです。その後、家を作ったりする仕事や、？や建設業で働きました。(39)その後、翻訳業をやったり、宗教職に就きました。(40)［宗教職はいつから始められましたか？］(41) ずっと前に宗教職に就きました。 19歳から今までです。たた兵役のときだけ（除いて）、(42) 私は1年間兵役をしましたが (43) そこで、その後、帰ってきて、（宗教職を）続けました。(44) 当局は3回も投獄しようとしました。(45) 信仰の理由で、なぜ子供たちが礼拝所にやって来て、教会に入るのを認めるのか、(46) なぜ子供たちを追い出さないのか、なぜ洗礼をするのか、なぜ市民に、市民に共産主義はだめだと教えているのかと。(47) このような理由で3回投獄しようとしました。 (48) しかし私に罪はありませんでしたので投獄できませんでした。 (49)［奥さんはどんな教育を受けましたか？］(50)7年生を終えて、なんというのでしたかね？ (51) 音楽、音楽を学びましたが、公式なものではありません。

TEXT 9　自伝2

ガガウズ語 (モルドバ　コムラット近郊出身者) のインフォーマント1
年　齢　62
性　別　男性
調査地　イスタンブル (トルコ)
職　業　牧師
[　]内は調査者の発言
Sはインフォーマントの発言
Oはインフォーマントの配偶者の発言

(1) [sizin birinǰi dili nedir? birinǰi dili.] S: (2) bizden birinǰi dili, Gagauzǰa dili. (3) bu dili ben kullandïm, okula kadar. (4) ⁿo okulda bašladïm üürenmee Romenǰe dili, (5) ama ben onu üürenmštim sokakta arkadašlarla (6) i bin dokuz yüz elliniǰi yïlda ben bašladïm Rusča dilini yüürenmee. (7) Rusča dilini üürendim on sïnïf bitirinǰe. (8) ben konušurken, vaaz verirken insanïn yönünde, (9) yönǰe konušardïm Romenǰe dilinden, sonra Rusča dilinde. (10) bende ilk dili Gagauzǰa, ikinǰi Romenǰe, üčünǰü Rusča dili. O: (11) dördunǰu Turkče. S: (12) Türkče olsa da hele as. (13) askerlikte ben baraber askerlik yaptïm Azerilerle onlara ben terǰumanlïk ederdim, (14) čünkü onlarïn čok problemler vardï. (15) čünkü onlar her zaman ǰezalardï, onlara yardïmǰï olardïm, (16) čok onlar yardïmǰï, onlar da bana yardïmǰï oldular, dilimiz čünkü benzerdi. O: (17) bende birinǰi dilim hep Gagauzǰa, o anam, bobam yoktu anam. (18) büyük anam beni ööretti Gagauzǰayi. (19) ikinǰi Rusča. Romanǰa da biraz üürendim, Moldovanǰa da biraz üürendim, hep insandan, sokaktan, insandan. (20) bizim var Türklerimiz, šarklarïmïz, Romanǰa, üürendim okumayi da šark söylerdim Romanǰa, Rusča, Gagauzǰa onlar. S: (21) o muzik, muzik görevilisi idi. O: (22) Ya horu benim var horu, horum üürederim mi Rusča, Gagauzǰa, Romenǰa böyle klisede čalïštïm. (23) ama ilk ilk hep Gagauzǰa čünkü bis düüdük Gagauz. S: (24) Gagauz küünde orada baška dili yoktu. (25) baška millet yoktu. (26) [yevde Gagauzǰa lafedersiniz?] O: (27) yevde Gagauzǰa lafederis, ama čoǰuklar geldiinen onlar benimlan konušerler Rusča, šimdi. (28) daa küčükken ilk čoǰuklar onlar Gagauzǰa. (29) Sonra Rusča čekettim, da Gagauzǰamïz daa kolay. (30) Bir söyleriz Rusča, iki Gagauzǰa....öyle.

171

(31)［Rusčayi okulda öörendiniz?］O:（32）Rusčayï okulda üürendik.

(33)［yani o zaman 5 yada 6 yašïndan sonra Rusča bašladïnïz?］O:（34）Rusča ondan sonra.（35）kim yedi yašinda kim sekiz yašïnda čekeder čojuklar o zaman（36）bizde 1946 orada aačlïk, imee yoktu.（37）Ondan sonra bis zor čektik da（38）ušaklar čekederdi on yašïnda, dokus yašïnda okula gitmee, škola gitmee,（39）onun ičin bis geč cekederdik.

S:（40）Güljistan'a gittiler, Otee kasabasïnda onlar gittiler. S:（41）orada, iki yïl mï? O:（42）iki yïl orada, birazjïk Güljïje isittik,（43）o orada daa čok üürenjeydim.（44）［sizin köy aynï koy muydu?］O:（45）bizim bimiš aynï. S:（46）Ezginje ilk Gagauz köyü Düzginje.O: Dizginje šimdi. S:（47）hep kuzey, Gagauzlarïn köyisinde Komurat'tan on beš kilo metre kuzeyinde.（48）［Kišinov'a yakïn biliyorum.］S:（49）yok yakïn diil.（50）［...baška yabanjï memleketine gittiniz mi?］O:（51）i buraya yašamaklan ilk defa buraya geldik.（52）gezmee, görmee gittik baška yere. S:（53）čok yere gittik.（54）［mesela nereye?］S:（55）biz gittik Ukraina, Kiev'a, gittik Moskova'ya. gittik Nizuni Nobro da（56）Gittik Kafkazlar gittik, čok yere gittik（57）ama ben sonra Avurupa'ya gezdim, Almanya'ya gezdim, gittim, Polonya'ya gittim, Romenya'ya gittim.（58）ʷo daa az gitti ama wo da geldi Almanya'ya. čojuklarïmïz orada.（59）ben gittim Itšinjan, Vladivostok, oradan daa gittiim yok.（60）Vladivostok bizim köylüler čok daadïlar Rusya'da dopdolu（61）Gagauzlar her yerde var nereye gider benim akranlara onlarda kalïyer, onlarla konušuyeriz.（62）onun ičin ben čok gezdim. čünkü benim čok insanlar var küüden.（63）wo sizin arkadašïnïzda tanïšmïš benim küülülerinen onlarla yašamïš.（64）onlardan Gagauzja üürenmiš. sonra ʔjebine o buraya gelmiš.（65）ben ona geldim. bis böyle biribirimiz yašadïk.

(1)［あなたの第一言語は何ですか？第一言語は？］S:（2）私たちの第一言語はガガウズ語です。（3）この言葉を私は学校に入るまで使っていました。（4）学校でルーマニア語を学び始めました。（5）しかし私はルーマニア語を学外で友達から学びました。（6）そして私は1950年代に私はロシア語を学び始めました。（7）ロシア語を10年生が終わって始めました。（8）私は話しているとき人前で説教をするとき（9）まずルーマニア語を話し、それからロシア語を話していました。（10）私はまずガガウズ語、二番目にルーマニア語、三番目にロシア語となります。 O:（11）四番目はトルコ語ね。 S:（12）トルコ語は話せるとしても、ほんの

少しです。(13) 兵役中はアゼルバイジャン人と一緒でした。彼らの通訳をやったものです。(14) なぜなら、彼らにはいろんな問題がありましたから。(15) なぜならあのひとたちはいつも罰を受けていましたから。彼らの力になってあげてました。(16) 彼らの手助けをよくしましたし、彼らも私を助けてくれました。なぜなら私たちの言葉は似ていたものですから。 O: (17) 私の第一言語はガガウズ語でした。母が、いや父はいませんでしたが、母親はいました。(18) 祖母が家で私にガガウズ語を教えてくれました。(19) 二番目の言語はロシア語です。ルーマニア語も少し学びました。モルダビア語も少し学びました。いつもひとから、通りでひとから学びました。(20) 私たちの民謡や歌があります。ルーマニア語を読むことを学んで、ルーマニア語、ロシア語、ガガウズ語で歌もうたいました。 S: (21) 彼女は音楽、音楽の仕事をしていました。 O: (22) ええ、民謡、民謡を知っていますしロシア語、ルーマニア語、ガガウズ語などでも民謡を教えていました。教会で働いていたのです。(23) 最初、最初はガガウズ語です、なぜなら私たちはガガウズ人として生まれたからです。 S: (24) ガガウズの村では他の言語はありませんでした。(25) 他の民族もいませんでした。(26)［家ではガガウズ語を話すのですか？］ O: (27) 家ではガガウズ語を話します、しかし子供たちがやってきたときは、彼らは私と話すときはロシア語です、今はね。(28) もっと小さいとき、最初の子供はガガウズ語を話しました。(29) その後、ロシア語をはじめたのですが、ガガウズ語のほうがより楽です。(30) まず一番目にロシア語を使い、その後にガガウズ語が来ます。まあ、そんな感じです。(31)［ロシア語を学校で学んだのですか？］ O: (32) ロシア語は学校で学びました。(33)［つまり、そうすると5歳か6歳の後、ロシア語を始めたのですね。］ O: (34) ロシア語はその歳から後です。(35) 当時の子供たちのあるものは7歳からまたあるものは8歳から学び始めます。(36) こちらでは1946年のことですが飢饉があり食べ物がありませんでした。(37) その後、大変苦労しました。(38) 子供たちは10歳あるいは9歳で学校に行き始めました。(39) そのために私たちは（学ぶのが）遅れたのです。S: (40) このひとたちはグルジアのオテの町にいきました。(41) そこには2年間いたのだっけ？ O: (42) 2年間いました。すこしだけグルジア語を学びました。(43) そこでもっと沢山勉強するはずだったんですがね。(44)［あなた方の出身の村は同じでしたか？］ O: (45) そう、同じ村です。 S: (46) エズギンジェという初めてのガガウズの村でデュズギンジェといいいます。 O: 今はディズギンジェね。S: (47) 北のガガウズの村で、コムラットの15キロ北の方です。(48)［キ

173

シニョフに近いと思いますが。] S: (49) いいえ、近くありません。［(50) 他に外国に行かれたことがありますか？］ O: (51) ここで暮らし始めることになり、初めてここに来ました。(52) 他の土地に遊びや観光に行きました。S: (53) いろんなところに行きましたよ。(54)［例えばどちらに？］ S: (55) 私たちはウクライナ、キエフに行きましたし、モスクワやニズニノーブロにも行きました。(56) カフカスにも行きましたし、いろんなところに行きました。 (57) しかし、私はその後ヨーロッパに行きました、ドイツに行き観光しました。ポーランドに行きましたし、ルーマニアに行きました。 (58) 彼女は余りいろいろ行ったことがありませんが、ドイツに行きました。子供たちが住んでいるのですよ。 (59) 私はイトゥシンジャンやウラジオストックに行きましたが、それから先は行ったことがありません。 (60) ウラジオストックは私たちの村出身者が沢山います。ロシアにもいっぱいいます。(61) そしてガガウズ人はどこにでもいるので、どこにいっても仲間のいるところに滞在し、話をします。 (62) そういう理由でいろんなところに行きました。私たちの村出身者が沢山いるものですから。 (63) そこにいる、あなたのお友達も私たちの郷里出身者と知り合いになり、一緒に暮らしていたそうです。(64) 彼らからガガウズ語を勉強したそうです。？その後ここに来たそうですよ。 (65) 私も彼のところに行きました。私たちは、こういうように一緒に暮らしているのです。

TEXT 10　自伝

ガガウズ語 (モルドバ　コムラット近郊出身者) のインフォーマント 2
年　齢　60
性　別　女性
調査地　イスタンブル (トルコ)
職　業　主婦
[　]内は調査者の発言

(1) ben üürendim Gagauzja anamdan, büük anamdan, benim büük bobam. (2) bizde diyeris büük bače, büük bače diyerik. (3) ben beš yašïndayïm, benim bubam sïrïpta bïraktï. anam kaldï genč. (4) kaldï iki ušaklï, iki kïslï benim küčük kïs kardešim on aylïktï. (5) ben beš yašïnda, dort yašïnda, 46'da, o bizim sïrïpta. (6) o zaman aačlïkta. (7) yoktï imee. (8) gittik niǰe demee Gürtsia'ya, anlïyersin? (9) oraya ööle išleesinler, kazansïnlar bobam, anam. (10) orada ona geldi aar aar iši. (11) o küüde čikmadïïda, dokmant almadïydï. (12) orada iše kabul etmiyerdiler. (13) dedi ben giderim Moldova'ya Gagauziya'ya, aleyim kiyatlarïm, ne lazïm. (14) ben geleǰem. (15) gitti daa gelmedi. (16) mamu kaldï orada bizimle evimde. (17) soora o Moldova'da baška karï ile yevlendi. (18) biz geldik iki yïldan sonra geri Gagauziya'ya. (19) o aldï karïsïnï gitti. (20) bis anamla kaldïk ikimis. küčük kïs krdešim yöldü. (21) o kaldï küčük anam lazïmdï iše gitsin, čalïssïn. (22) o gitti iše, ušaa yoktu kim baksïn, daa ušak yöldü aačlïktan. (23) o zaman aačlïkta. (24) soora geldi büük bobam, büük anam geldiler Gürtsia'dan Gagauziya'ya. (25) da bis yašardïk onnda, benim anam evde onunla yašardïk.

(1) 私はガガウズ語を母親、祖母と祖父から学びました。 (2) 私たちは (祖父の ことを) ブークバチェ (おじいちゃん) と呼んでいました。 (3) 私が 5 歳の頃、 父親は家庭を捨てました。母親はまだ若かったです。 (4) 2 人の子供が残されま した。 2 人きりで、私の妹は 10 ヶ月でした。 (5) 私は 4、5 歳の時で、1946 年に 片親家庭になりました。(6) 当時は飢饉がありました。 (7) 食べ物がないのです。 (8) なんていうのですかね、グルジアに行きました。おわかりですか？ (9) そこ に父母はお金を稼ぐために行ったのです。 (10) そこでの仕事は父母にとってつ

らい仕事でした。(11) 父は村を発つ時、書類を持ってこなかったそうです。(12) そこでは働く許可が得られなかったそうです。(13) 父はモルドバのガガウジアに帰って、必要な書類を持ってこようと考えました。(14) 帰ってくるよ。(15) 行ったっきり、帰って来ませんでした。(16) 母親は私たちと家に残されました。(17) その後、父親はモルドバで別の女性と結婚しました。(18) 私たちは2年後ガガウズジアに戻ってきました。(19) 彼は新しい奥さんを連れて出て行きました。(20) 私たちは母親と残されました。妹は死んでしまいました。(21) 妹は幼かったので母親は仕事に出て働かねばなりませんでした。(22) 母親は仕事に行き、子供をみるひとは誰もいませんから妹は飢えから死んでしまいました。(23) 当時は飢饉がありました。(24) その後、祖父と祖母がグルジアからガガウジアに帰ってきました。(25) それで私たちは祖父母と生活しました。母親は家で、祖父母と私たちは生活しました。

執筆の背景（あとがきにかえて）

　学術論文はそこで書かれている学術的内容で評価されるべきであり、書かれている学術的内容に関わりがない事柄を付け足すのは極力避けるべきであるという考え方がある。つまり今ここで書こうとしている、その論文がどのような背景で執筆されたのかを執筆者の主観を交えて述べることがそれに当たる。仮にもしそのようなことが書かれてあるとしても、あとがきなどにさりげなく書かれることが学術論文や学術書では多いかもしれない。そのわずかな記述から読者は、執筆者の個人的な側面を知るのである。しかし著書や論文とは直接関わりのない事柄であっても、別の機会に偶然に読んだり知ったりすることで、その執筆者に関心を抱き、またそのことが自分自身の研究の研究に刺激になったということも筆者を含め多くのひとが経験するところである。そのようなことを念頭に置いて、本書に収録したそれぞれの論文や資料の執筆の背景について簡単に書きたいと思う。

　筆者自身の研究の主な関心は、言語の文法的研究や言語の記述である。フィールドワーク（言語の調査）の過程には必ず母語話者などの生身の「ひと」が介在することになる。その言葉を話す人間の歴史や文化などの背景的知識やそのひと自身に関する興味や好奇心がなければ、円滑に仕事を進めていくことはなかなか難しい。母語話者として対応している相手もおそらく同じ気持ちであろう。調査者がひととしての自分にはあまり関心がなく、自分の言語にしか関心がないという気持ちは、母語話者にも伝わるものである。単調になりがちで退屈な言語の調査は、単語や例文を引き出す手段としてだけ考えている見知らぬ外国人よりも、自分たちの文化や社会に関心を持ってくれている外国人にこそ協力したいと思うのが人情であろう。言語の研究の前に必要なことはまず、相手との人間関係の構築である。フィールドワークでは、研究対象の言語だけでなく、「ひと」に興味を持つのは大切なことなのである。

　第一論文「トルコ語における対格表示と名詞－動詞構造」は、筆者が大学院生のときに、初めて公刊した学術論文である。筆者のように、あまり知られていない外国語について研究している場合、現地にも赴かずに日本語で論文を発表していてもあまり意味がないことと、また論文の雑誌への投稿を勧めてくださった

指導教官（柴谷方良先生）の助言があって初めて実現した。まだ研究者の卵です らなかった自分にとって、多くの読者が想定される雑誌へ投稿することの重要 性を認識するよい機会となった。研究をスタートした大学院生に適切な助言と 機会を与えて自信を持たせることが大切であることをこのような執筆の機会を 通じて学んだ。そして論文の執筆後にトルコ共和国に留学した。

第二論文「トルコ語における不定と定の矛盾」は、卒業論文で執筆した内容の一 部を改訂してまとめたものである。まだ大学院生という身分ながら、執筆の機会 を与えてくださった故筧寿雄先生（神戸大学名誉教授）のご厚意によるものであ る。その後、Enç (1991) の論文を知り、研究の方向性は正しいものであったこと を確信した。理論的な枠組みでトルコ語の名詞の特定性の意味論についての本 格的な議論が始まったのは1990年以降である (Enç, Mürvet. 1991. The Semantics of Specificity. *Linguistic Inquiry.* Vol. 22, No. 1, pp. 1-25)。

第三論文「トルコ語の非対格構文について」は、当時日本で盛んに議論されてい た非対格性の概念をトルコ語にいち早く応用したものである。本論では、日本語 の理論言語学で論じられていた非対格性の性質がトルコ語でどのように適用可 能であるかを論じており、日本語との対照研究の側面も持つ。また、日本語のナ ル表現に相当する *ol-* の意味的分析も行っており、それは第五論文にも繋がって いく。本研究の一部はトルコの言語学会においてトルコ語で口頭発表を行いプ ロシーディングに掲載した (Türkçe ve Japonca'da geçişsiz eylemin sınıflandırılması uzerine（トルコ語と日本語の自動詞の分類について）. IX. Dilbilim Kurultayı（第 九回言語学会）. (1995年5月　Bolu県，Abant İzzet Baysal Üniversitesi)。トルコ 本国で非対格構文についての本格的な議論が始まるのはNakipoğlu (2000) の論 文以降である (Nakipoğlu, Mine. 2000. On the aspectual properties of unaccusatives. In: *Studies on Turkish and Turkic Languages: Proceedings of the Ninth International Conference on Turkish Linguistics,* 67-74. Harrassowitz Verlag)。

第四論文「トルコ語と日本語における語彙の意味的差異」は、2000年半ばに心 理言語学の研究者と共同研究をする機会に恵まれ、その研究手法に触発され て統計処理をはじめとするさまざまな手法を独学で勉強するようになり、執 筆したものである。なお当時の共同研究は、その後約10年を経て出版された

(Kuribayashi, Y., Tamaoka, K. and H. Sakai. Psycholinguistic investigation of subject incorporation in Turkish. In: Csató É. Á., Karakoç, B. and A. Menz（eds.）*The Uppsala Meeting:* Proceedings of the 13th International Conference on Turkish Linguistics. Series Turcologica Band 110. Wiesbaden: Harrassowitz Verlag. pp.144-150, 2016）。これからの言語研究には場合により統計的手法も取り入れて対応する必要があると思い勉強を始めた。量的研究の研究手法に通じていない場合、統計的手法に詳しい共同研究者に委託することが多いが、筆者はゼロから独学するという道を選んだ。そうすることで、自分自身の視野を広げたいと思ったからである。日頃トルコ語に接するなかで、トルコ語を日本語の視点からみたときにときどき興味深い現象に気づく。それらをみつけることができるのは自分自身の強みであると思っている。そのような問題点を新しく学んだ手法で分析したものが第四論文である。統計的手法は第五論文や第六論文でも活用している。

第五論文「トルコ語の ol- 表現と日本語のナル表現の対照研究」は、守屋三千代教授（創価大学）の類型論的な観点からナル表現を考える研究プロジェクトに参加させていただくなかで生まれたものである。トルコ語にも日本語と同様にスルとナルの対立を持つ言語であるが、英語と日本語を出発点として生まれたこれらの概念を検証するにはうってつけの言語である。従来のパラレルコーパスを使う研究手法に新しい観点を導入して方法論的に新しい提案を行っており、今後はトルコ語以外の言語からの検証も視野に入れた研究を目指している。

第六論文「トルコ語、古代トルコ語およびハラジ語における使役/反使役の交替」は、国立国語研究所のプロジェクトでの共同研究テーマをさらに適用範囲を広げて検証したものである。チュルク語文献学研究では、トルコ語の方言やチュルク系諸言語の記述的研究とともに、歴史的研究も非常に盛んである。しかし特にイスラム圏の文献言語の研究ではさまざまな文字などの正書法の習得が前提となり、現代語の研究とは比較にならないほどハードルが高い。そのなかで、古代トルコ語の中のオルホン碑文の文献は、校訂テクストが広く入手可能で、手がけやすい分野である。また、ハラジ語はイランで話されている詳細な系統が不明の危機言語のチュルク系言語の１つであるが、偶然にもトルコの学会で母語話者との知遇を得ることができた。チュルク諸語を使役/反使役の交替などの統一的テーマのもとに分析することの類型論的意義は大きい。本論では、特に歴史的資

料をこのような観点で分析しており、トルコ文献学に対する貢献も目指している。

第七論文「トルコ語、チュルク諸語および日本語における主語と主題」は、日本や日本語研究とも縁のある古代トルコ語の碩学である故 Talat Tekin 教授の追悼論文集に寄稿したものである。対照言語学の観点も含めて、日本語で特に重要な概念である主題や主語がどのようにチュルク系言語で反映されているかを論じた。また、チュルク諸言語内での類型論的研究の必要性も論じた。本書のシリーズの企画者である張麟声教授に依頼されて「言語の類型的特徴をとらえる対照研究会」でも本論の内容を何度か発表させていただく機会を得た。

第八論文「ガガウズ語を話す人々」は、一般向けの雑誌に寄稿したものであり、学術的なオリジナリティを追求したものではない。本書では第九論文やその後の言語資料に読み進むに際して、ガガウズ語についての背景的知識の提供を目的としている。

第九論文「バルト・スラヴ語世界におけるチュルク系少数言語」は、チュルク系諸言語に隣接するバルト・スラブ系諸言語での学会でのシンポジウムでの口頭発表した原稿に基づくもので、バルト・スラヴ語世界のチュルク系少数言語であるカライム語やガガウズ語についての基礎的知識の提供を目的としている。隣接領域の研究者との交流は、言語接触の問題を追及する上では今後ますます重要になるであろう。

最後に、言語資料としてバルカン・トルコ語とガガウズ語の記述的言語資料の章を設けている。バルカン・トルコ語とガガウズ語の言語資料の初出は、科学研究費による報告書である。資料1から資料7は平成12年7月にブルガリア共和国デリ・オルマン地区とバルナ近郊で行ったフィールドワークとトルコ共和国在住であったガガウズ人の面接調査で得られた、バルカン・トルコ語とガガウズ語の音声談話資料を文字化して日本語訳を付したものである。資料8から資料10は平成13年8月にトルコ共和国イスタンブルで行った調査により得られたモルドバ共和国のガガウズ語の音声資料を文字化して日本語訳を付した。現地調査に当たっては İsmail Karaosmanoğlu, Fatma Karaosmanoğlu, Alexander Hinev, Koli

Georgi, Dobra Atanasva, Georgi Yordanova, Stepan Bairaktar, Olga Bairaktar, 佐奈喜憲司氏に大変お世話になった。ここに記して感謝したい。

　このように、筆者自身の研究の変遷は、トルコ語だけを対象とした個別言語の研究から出発して、日本語との対照を経て、トルコ語の地域方言やチュルク系諸言語の研究まで徐々に拡大している。ひとことで表現するなら、「研究の広がり」というところになろうかと思う。そして、その原動力になるのは研究者同士の交流にあるのではないだろうか。ICTL（International Conference on Turkish Linguistics）をはじめとする世界のチュルク諸語の研究者や、近年では特にトルコ本国でのチュルク諸語の文献学者や記述言語学者との研究交流は有益なものになった。トルコには学術研究を尊重する文化と外国人に対しても手厚い支援があり、トルコ共和国はチュルク系諸国の研究者とのハブ的な機能を担っている。トルコ言語協会（Türk Dil Kurumu）をはじめとする公的機関からもさまざまな機会を通じて支援を受け、トルコを含めたチュルク系諸国の研究者と共通語であるトルコ語での交流を通じてトルコ語やチュルク諸語の研究の芽を育てていくことができた。また、同時に日本のチュルク諸語研究グループやユーラシア言語研究コンソーシアム（CSEL）の参加者の方々にもお世話になった。研究分担者や共同研究員として参加した国立国語研究所や東京外国語大学アジア・アフリカ言語文化研究所（AA研）の各種の研究プロジェクトにも大いに触発され、本書収録の論文の一部を口頭発表した（平成21年度〜平成25年度「日本語レキシコンの文法的・意味的・形態的特性」、「述語構造の意味範疇の普遍性と多様性」、平成22年度〜平成24年度AA研共同研究課題「北方諸言語の類型論的比較研究」、平成29年度〜平成30年度AA研共同研究課題「チュルク諸語における膠着性の諸相 −音韻・形態統語・意味の統合的研究−」）。
　最後に、本書出版の機会をいただいた張麟声教授と日中言語文化出版社の関谷一雄社長と編集作業に尽力してくださった中村奈々氏にお礼申し上げたい。

　本論の一部は科学研究費16K02676と18H03578の援助を受けている。

初出一覧

第一部　トルコ語の文法研究

1. Accusative marking and Noun-Verb constructions in Turkish.『言語研究 95 号』日本言語学会 pp.94-119, 1989.　[日本語に翻訳]

2. Indefinite-definite constructions in Turkish.『ことばの饗宴』東京：くろしお出版 pp.619-628, 1989.　[日本語に翻訳]

3.「トルコ語の非対格構文について」『岡山大学文学部紀要　第 22 号』pp.161-184, 1994.

第二部　トルコ語と日本語の対照研究

4. Kuribayashi, Y. and Z. Gençer. Türkçe ve Japoncada Sözcüklerin Semantik Farklılıkları– Ağırbaşlı ve Sıcakkanlı Sözcüklerinin Faktör Analizi –. Paper presented at 17th International Conference on Turkish Linguistics (3-5 September 2014, Rouen, France, Université de Rouen) 2014.　[一部を加筆修正、日本語に翻訳、未公刊]

5. Karşılaştırmalı Diibilim Bakış Açısıyla Türkçede O!- Fiili. Uluslararası Türk Dili Konuşan Ülkeler Kurultayı. Ankara: YTSAM - Yeni Türkiye Stratejik Araştırma Merkezi ve TDK - Türk Dil Kurumu. 2018.　[日本語に翻訳、未公刊]

第三部　チュルク諸語の研究

6. Causative / anti-causative alternations in Turkish, Old Turkic and Khalaj. Deniz Zeyrek, Çiğdem Sağın Şimşek, Ufuk Ataş, and Jochen Rehbein (eds.) *Ankara Papers in Turkish and Turkic Linguistics,* Series Turcologica Band 103. Wiesbaden: Harrassowitz. pp.593-603, 2015.　[日本語に翻訳]

7. SUBJECT AND TOPIC IN TURKISH, TURKIC, AND JAPANESE. *Prof. Dr. Talat Tekin Hatıra Kitabı.* Uluslararası Türk Akademisi. s. 661-677. 2017.　[日本語に翻訳]

8. 先住民たちの現在「ガガウズ語を話す人々」『月刊言語 7 月号』大修館書店　pp.16-19, 2005.

9.「バルト・スラヴ語世界におけるチュルク系少数言語－カライム語とガガウズ語－」日本スラヴ学研究会　2017 年度シンポジウム　「バルト諸語とその隣人たち－民族と言語をめぐる諸相－」『スラヴ学論集 21 号』pp.31-54, 2018.

第四部　チュルク諸語の研究（言語資料編）

10.「ガガウズ語」『バルカン－トルコ語における統語法についての総合的研究』（課題番号:12610557）　平成 12 年度～平成 14 年度　科学研究費補助金（基盤研究（C）(2)）　研究成果報告書　岡山大学 69 頁 -112 頁 2003.

著者紹介
栗林　裕
（くりばやし　ゆう）

1961年京都府生まれ。文部省昭和63年度アジア諸国等派遣留学生トルコ・ボアジチ大学、スウェーデン・ウプサラ大学客員研究員（文部科学省派遣）を経て現在、岡山大学大学院社会文化科学研究科教授、博士（文学）。

主な著書・論文に『チュルク南西グループの構造と記述　－トルコ語と周辺言語の言語接触－』（単著, 2010, くろしお出版）, Chapter 7: Verb-Verb compounding in Japanese and Turkish. *Handbook of Japanese Contrastive Linguistics.* （2018, Mouton de Gruyter）, Verb-Verb compounding in Turkish. *Rouen Meeting: Studies on Turkic Structures and Language Contacts.* （2018, Harrassowitz Verlag）, Topic marking in Iranian Turkic. *WAFL 13.* （2018, MIT Press）など。

トルコ語とチュルク諸語の研究と日本語との対照

2020 年 6 月 27 日　初版第 1 刷発行

　　著　者　　栗　林　　　裕
　　発行者　　関　谷　一　雄
　　発行所　　日中言語文化出版社
　　　　　　　〒531-0074 大阪市北区本庄東 2 丁目 12 − 6 − 301
　　　　　　　ＴＥＬ　０６（６４８５）２４０６
　　　　　　　ＦＡＸ　０６（６３７１）２３０３
　　印刷所　　有限会社 扶桑印刷社